Pasado y presente del cambio organizacional

EMETERIO GUEVARA RAMOS

DEDICATORIA

A toda mi familia por lo que me han dado de amor, con gratitud.

A todos los trabajadores y empresas que a lo largo de mi camino trabajaron para lograr los cambios que hicieran posible mejorar sus organizaciones.

CONTENTS

RECONOCIMIENTOS

A TODOS MIS COMPAÑEROS DEL
INTERNATIONAL INSTITUTE OF
ORGANIZATIONAL DEVELOPMENT Y LOS
COMPAÑEROS DE IODA.

POR TODOS LOS APRENDIZAJES A LO
LARGO DE 25 AÑOS.

1 INTRODUCCION A LA TEORIA DEL CAMBIO ORGANIZACIONAL

INFORME SOBRE EL ESTADO DE LA LITERATURA

Este libro es una colección de visiones sobre el cambio. En esta segunda edición incorporamos las propuestas teóricas de los últimos diez años.

Su objetivo es intensificar nuestros conceptos de cambio organizacional. Está dirigido a cualquier persona a la que le preocupe desarrollar una opinión teórica fundada sobre el cambio. En las conclusiones se notará que afirmamos que no existe una teoría unificada sobre el cambio organizacional. No consideramos que el estado actual de conocimientos, representado en la literatura, apoye esta tarea. Tampoco está claro que deba o pueda formularse dicha teoría en un futuro cercano. Este libro tampoco es una declaración completa sobre el cambio organizacional. Aunque su primer capítulo proporciona un breve informe del estado de la literatura sobre el cambio, los temas principales solo realizan un muestreo de algunos dominios del cambio organizacional. Una reflexión casual sobre el cambio organizacional debe indicar que abarca casi todos nuestros conceptos en la literatura sobre el comportamiento de las organizaciones. Pensemos en la motivación de los líderes, el entorno de las organizaciones y los roles. Es imposible pensar en estos y otros conceptos sin inquirir sobre el cambio organizacional. Nuestra estrategia no es llegar a proponer una teoría completa y unificada, sino centrarnos en algunos conceptos o procesos clave sobre el cambio organizacional que puedan generalizarse a otras áreas diferentes.

En la actualidad, las organizaciones deben adaptarse con gran rapidez y agilidad a un entorno cambiante, que las obliga a buscar maneras de sobrevivir, atendiendo a las exigencias de velocidad y de complejidad del cambio. Algunas veces los cambios ocurren a una velocidad que sobrepasa la capacidad de ajuste y adaptación de la organización para responder a la situación, lo cual genera discontinuidades e implicaciones negativas que afectan directamente la proyección hacia futuro, pues la brecha se hace más grande. Para Hellriegel, Slocum y Woodman (1998), el cambio es una prueba para la capacidad de los gerentes y los empleados de una organización, pues cuando éste no se alcanza, los costos son muy altos.

Con la aceleración del cambio y la globalización, la sociedad, la ciencia, la tecnología y la economía han empezado a transformarse muy rápidamente. Las organizaciones deben prepararse para desenvolverse y progresar en un entorno muy etéreo, caótico y turbulento. Hemos seleccionado el título del libro porque centra la atención hacia el cambio en las organizaciones, más que únicamente sobre las organizaciones cambiantes.

En épocas más estables las organizaciones funcionaban razonablemente bien con la teoría administrativa clásica, por la vía del control, la planificación estratégica, las órdenes de arriba a abajo, las estructuras burocratizadas y una garantía de seguridad y estabilidad para todo el mundo. Al acelerarse el cambio, todo esto se modifica radicalmente. Surge la necesidad de dar respuestas rápidas a situaciones emergentes poco previsibles. Factores como compromiso, corresponsabilidad, creatividad, iniciativa por parte de todos los trabajadores son elementos indispensables para la gestión de su propia transformación que se acometía, excepcionalmente, como una operación puntual que separaba períodos de estabilidad que duraban años. Hoy, estamos interesados en el cambio a nivel individual, de grupos, de procesos, de estructura, de roles, de organizaciones o relaciones organización-entorno, pero no en organizaciones determinadas, como colegios, empresas o gobiernos sino de la organización en abstracto. Ya corresponderá a cada uno de acuerdo con su función realizar aplicaciones concretas en una empresa. De hecho, la mayoría de los temas no son específicos para ningún tipo de organización.

El motivo de esta tarea es directo. En primer lugar, ya hemos afirmado que el concepto de cambio organizacional invade toda nuestra vida intelectual. Segundo, el estado de la literatura no proporciona perspectivas teóricas claras que puedan ayudarnos a organizar nuestros pensamientos sobre el cambio organizacional. Tercero, en los últimos 8-10 años, ha existido una gran proliferación de intentos de hacer cambios organizacionales sistemáticos a gran escala, y es muy probable que estas actividades continúen.

Europa fue pionera en el estudio de los cambios organizacionales, allí el trabajo siempre se caracterizó por un lenguaje y unos métodos que presentaban ligeras diferencias con respecto a otros estudios de la época, sin embargo, siempre se mantuvo el interés en desarrollar estudios de tipo longitudinal de aquellos procesos de cambio que consideraban de igual forma el contexto. Mientras esto sucedía en Europa, en los Estados Unidos Lewin, Long y Carroll, 1999; Van de Ven et al, 1989. Realizaban un trabajo

En el presente, la gestión de la propia transformación se ha convertido en un cometido de gran importancia estratégica que debe llevarse a cabo de forma continuada como un aspecto más de las tareas habituales de la gestión general de la organización. En las décadas por venir, la estrella de la gestión será la transformación organizacional y el cambio más importante que deberá gestionarse será la transformación interna encaminada a potenciar la flexibilidad, la adaptación, la generación de nuevas habilidades en los trabajadores y el uso de nuevas tecnologías en la gestión organizacional. Por tanto, tenemos que repensar el cambio organizacional y reestructurar nuestro pensamiento sobre el tema. Se espera que los lectores consideren que las ideas que aquí se presentan son lo suficientemente interesantes como para generar nuevas perspectivas sobre el cambio organizacional.

El propósito de este libro es que se conozcan los conceptos históricos de teoría del cambio y como se aplican en la rutina de trabajo en las organizaciones los conceptos basados en la gestión y cambio organizacional, así como la forma en que se proponen enfrentar los nuevos retos del Siglo XXI. Este capítulo marca la pauta. En primer lugar, presentamos un breve informe del estado de la literatura y enfatizamos una serie de temas.

INFORME SOBRE EL ESTADO

Diariamente están ocurriendo una multitud de cambios a nivel mundial, estos cambios requieren una nueva postura para lograr la eficacia en las organizaciones. No es posible quedarse observando y dejar que las cosas sucedan, pues esto puede acarrear la cancelación del futuro de la propia organización. Para comprender la gestión del cambio organizacional es necesario apropiarnos de los conceptos y de la historia de estos, que son necesarios para comprender tanto los cambios planeados como los no planeados, la naturaleza del cambio, factores que impulsan el cambio, y conocer algunas estrategias que algunos "gurús" les llaman soluciones para el cambio y que pueden ser aplicables a una organización.

Una breve revisión de la literatura sobre el cambio en las organizaciones sirve como preparación para los temas principales. Comenzaremos con la definición de cambio organizacional. Existen tres significados para este tema: hacer cambios, desplazarse, (de un lugar a otro), intercambiar, reemplazar, transferir, transformar. El significado común a todas estas definiciones es hacer algo diferente. De forma que, en el contexto del cambio en las organizaciones, el objeto del proceso de cambio, es decir, lo que se desea cambiar, pueden ser las actitudes, valores, creencias y comportamientos de los individuos, procesos, estructuras, pautas de interacción de roles o grupos, o la arquitectura organizacional, etc.

El cambio es la alteración de un estado a otro. También se refiere a la adquisición de nuevas ideas y prácticas de reflexión, razonamiento y desempeño. Este concepto permite darle una dinámica distinta a la organización, donde ésta toma un nuevo estado de las cosas diferentes a la anterior monotonía o estática de una organización congelada, el cambio toma la flexibilidad de organizaciones modernas que siempre estarán anticipando este concepto. Pero la fuente, tipo, o nivel del cambio, no puede, ni debe, formar parte de la definición. La idea de cambio como hacer algo diferente, no debe implicar la fuente, tipo o nivel de dicho cambio.

La fuente puede ser interna (del individuo) o externa. El motivo para mantener la definición general es que muchas personas escriben sobre el cambio en las organizaciones como cambios planificados. El cambio, imaginan se produce cuando un agente introduce técnicas de forma intencionada para modificar o alterar las organizaciones, sus miembros o ambos. Esta opinión sobre el cambio es limitada porque no refleja que los cambios en el contexto de una organización se producen en forma aleatoria, por medio de procesos evolutivos, por medio de la adaptación y otros mecanismos.

Queremos una definición general del cambio, como hacer algo de forma diferente, y queremos centrar esa definición en el contexto de la organización. Nuestra atención puede centrarse en el cambio a nivel individual, de grupos organizaciones, de procesos administrativos y humanos o relaciones organización-entorno.

Pocos autores hablan sobre la significación del cambio organizacional (como excepción ver Thomas G. Cummings y Christopher G.; Donald L. Anderson; William J. Rothwell y Jacqueline M. Stavros; Roger Connors y Tom Smith; John Vogelsang; W. Warner Burke y Sarah Lewis y Jonathan Passmore, entre otros). Los escritores sobre el cambio organizacional asumen que comprendemos el concepto, al menos a cierto nivel de definición. Esta asunción o supuesto puede no ser cierta y debe explorarse. Podemos integrar los conceptos antes mencionados y llegar una posible definición de "Gestión de la transformación Organizacional" como una dinámica del líder para transformar intencionalmente la estructura, los procesos o las características de los trabajadores de un sistema que busca equilibrarse y adaptarse a su entorno, mediante la generación de conocimiento y el aprendizaje continuo de la organización.

Sin embargo, transformar no es sólo introducir nueva tecnología, realizar cambios en la estructura, procesos o desarrollar nuevas estrategias comerciales. Cambiar implica romper tradiciones, hábitos y costumbres, rutinas incorporadas a la forma de ver y operar la realidad en cada organización. Los procesos de cambio implican modificar centros de poder, intereses personales y grupales, arriesgar, vencer temores y resistencias. Es por esto por lo que el cambio no es sólo organizativo, tecnológico o de gestión, sino también cultural y comportamental. Por ello, revisar la amplia esfera del cambio es una tarea complicada. Por tanto, hemos adoptado un grupo de asertos, a fin de que la literatura tenga sentido.

Un método de organización. Necesitamos hallar una forma de organizar la literatura. A nivel más general, hemos clasificado la literatura en cambio planificado de la organización y adaptación. Era necesario efectuar una clasificación general para nuestra propia investigación y actividades. Al mismo tiempo queríamos que las distinciones fueran lo suficientemente amplias como para crear una red amplia de conceptos.

Existen precedentes para organizar la literatura en una forma tan amplia. En la literatura sobre ciencias políticas y económicas, existen metáforas del estado como director y el estado como reactor (Padgett, 1981). En las ciencias vitales existen una dicotomía entre la naturaleza y nutrición. En la teoría de la organización existe un debate sobre la significación de las fuerzas del entorno opuestas a la acción de los gerentes. Nuestro método para organizar la literatura del cambio es paralelo a esta distinción general.

El cambio planificado se refiere a una serie de actividades y procesos diseñados para cambiar a las personas, grupos, y estructura y procesos de las organizaciones. La palabra clave es "planificado". Existe a priori una teoría y métodos para incidir en algún objetivo (actitudes individuales, procesos de la organización) a fin de conseguir cierta meta (humanización del lugar de trabajo, eficiencia de la organización). A menudo se utiliza el término "desarrollo de la organización" en lugar de cambio planificado de la organización. El cambio planificado de la organización recalca la elección de la gerencia.

La adaptación se refiere a la modificación de una organización o de sus partes para ajustarla a su entorno. Los procesos de adaptación pueden incluir "seleccionar entornos, controlar y predecir los cambios... aprender y amortiguar las fluctuaciones en el flujo de recursos a través de los límites de la organización". "Adaptable" recalca los cambios inducidos externamente.

La distinción entre cambios planificados de la organización y adaptación es arbitraria. Los dos conceptos no son independientes. Los cambios planificados en una organización pueden aumentar la adaptabilidad, y la adaptabilidad puede producir cambios planificados en la organización.

Los cambios planificados en la organización tratan de la base del cambio, la adaptación trata de las condiciones o fuentes del cambio. Los cambios planificados en la organización se centran en el cambio dentro de la organización, pero la literatura sobre la adaptación se centra principalmente en poblaciones de organizaciones y en relaciones organización-entorno, y en cambios dentro de una organización impuestos por el entorno. La literatura sobre cambios planificados en la organización resalta el proceso de creación de cambios, más que escribir sobre el proceso del cambio (literatura sobre adaptación). La literatura sobre cambios planificados en la organización se dedica a los métodos y técnicas, pero la literatura sobre la adaptación se dedica a teorizar sobre el proceso del cambio o su resultado.

Temas. El segundo aserto de nuestra revisión fue organizar la literatura por temas, es decir, resaltar los temas básicos y problemas sobre el cambio y cómo piensa la gente sobre ellos. Cuando proceda, nos referimos a algunos hallazgos empíricos relevantes para los temas básicos en la literatura sobre cambios planificados en la organización y adaptación. Cuando sea posible, se resaltarán los cambios o énfasis hacia nuevos temas.

Tiempo. Nuestra revisión se centra en los trabajos publicados desde 1977 hasta 2015, aunque se examinaron trabajos anteriores (Alderfer, 1976; Friedlander y Brown, 1974) para obtener continuidad en nuestro análisis.

Cambios planificados en la organización

Revisión de revisiones

Friedlander y Brown (1974) proporcionan una revisión útil de la literatura del desarrollo de organizaciones durante el periodo de 1973-74. Para estos autores, el desarrollo de las organizaciones (DO) se refiere a un método para facilitar el cambio y el desarrollo de personas, de la tecnología y de los procesos y estructura de las organizaciones (Friedlander y Brown, p. 314). Se centran en enfoques tecnoestructurales (diseño de los puestos de trabajo, ampliación del trabajo, tareas, etc.) y en procesos humanos (feedback de encuestas, actitudes, desarrollo del grupo, intervenciones). El valor de la revisión es que Friedlander y Brown se centran en una serie de métodos de DO y proporcionan al lector un resumen de los conocimientos empíricos sobre dichos métodos. Por ejemplo, observan que los "procesos humanos tienen varios efectos positivos sobre las actitudes... Sin embargo, hay poca evidencia de que también los procesos de la organización o de que aumente el rendimiento o eficacia" (p. 334). También identifican otros dos temas recurrentes en la literatura: lo que caracteriza a las intervenciones con éxito, frente a las que no lo tienen, y cómo las intervenciones múltiples del sistema total son diferentes de las intervenciones únicas. Al efectuar la revisión, solo existía evidencia dispersa, sobre estos dos temas. En la literatura actual se presta más atención a estos temas (que en la publicidad en los últimos 5 años).

Aldefer (1977) actualiza la revisión de Friedlander y Brown. Su revisión se organiza en tendencias en la práctica del DO y en la investigación del DO. En el área de la práctica, Aldefer indica lo siguiente: 1) La práctica del DO ya no se centra meramente en las organizaciones empresariales: las escuelas, gobiernos, organizaciones sanitarias están más implicadas en el DO; 2) Han surgido nuevas técnicas de feedback de encuestas y nuevos enfoques estructurales, como la organización colateral; 3) Existe un mayor interés en las relaciones organización-entorno (gran parte de la revisión de la literatura de Friedlander y Brown se centra en cambios en la organización); 4) En términos de investigación, Aldefer ve más sofisticación en los diseños utilizados para evaluar las intervenciones de las organizaciones. También se han desarrollado nuevos instrumentos diseñados para capturar algunos de los procesos cambiantes y variables; 5) Aldefer también ha observado la emergencia de teorías sobre el cambio más sofisticadas. Argyris y Schon (1978) y Aldefer (1976) ilustran algunos nuevos avances teóricos que se han producido durante este período.

White y Mitchell efectuaron otra revisión en 1976. Su estrategia fue desarrollar un sistema de clasificación para codificar los estudios tipo DO y después analizaron la literatura siguiendo este sistema. Utilizaron tres facetas: 1) el receptor de cambio (persona, grupo), 2) el nivel de cambio esperado (conceptual, estructural), y 3) relaciones implicadas en el cambio (interpersonales, intrapersonales). Aplicando este esquema a la literatura de 1964 a 1974, encontraron que la mayoría de los programas de DO intentan cambiar las actitudes o comportamientos, o bien del individuo, o bien de su subgrupo inmediato, y centran el cambio en factores que se refieren a las relaciones con uno mismo o con los compañeros (White y Mitchell, 1976, p.65). White y Mitchell también revisan la calidad de las investigaciones sobre DO. Sus hallazgos básicos son que la mayor parte de estas se producen en el campo. La mayoría de los cambios se presentan como porcentajes sin comparación estadística. Gran parte de los datos se recogen de los informes por medio de la participación de investigadores que estaban comprometidos con el éxito de la intervención.

Esta estructura de revisiones pretende dar al lector un cuadro sobre la literatura de los cambios planificados en la organización a principios y mediados de la década de 1970. Existen algunos temas centrales: métodos o técnicas de cambio y evaluación empírica del cambio. También aparecen otros temas, como el rol de valores en las intervenciones de DO. En la revisión de Aldefer (1976) tenemos cierta sensación de movimiento en esos temas. Es decir, los métodos se vuelven más elaborados. La población objetivo se mueve para incluir a organizaciones no empresariales y se observa mayor sofisticación en el nivel de las teorías y mediciones.

Cinco temas principales en el Siglo XX

Como afirmamos, nuestra revisión de los cambios planificados en la organización se centra en la literatura desde 1977. Hemos intentado extraer una muestra bastante representativa de artículos de revistas y libros. Aunque nuestra investigación no fue exhaustiva, incluye materiales suficientes como para permitirnos descubrir cinco temas principales.

Un tema importante son los métodos de intervención. Todavía persiste el interés en pensar en los cambios en la organización en términos de métodos y estrategias de intervención. En uno de los libros más significativos en nuestro campo (Katz y Khan, 1978), se discuten los cambios en la organización en términos de enfoques alternativos (métodos) hacia el cambio a diferentes niveles de análisis: individuos, grupos y organizaciones. Pensamos que sería interesante revisar algunos buenos "libros de texto" sobre el cambio en las organizaciones (Beer, 1980; Huse, 1980) para ver lo que la gente está aprendiendo sobre el cambio y los métodos de intervención que representan la forma principal de organizar el estado actual de conocimientos.

Es común la preocupación sobre cómo categorizar métodos y discusiones sobre características de los métodos. También reaparece en la mayoría de estas discusiones un grupo similar de métodos (o enfoques): asesoría, feedback de encuestas, sociotécnicos. Peters (1978) también examina los métodos para el cambio, pero difiere argumentando que los directores gerentes tienen un juego de herramientas mundanas que se proponen como alternativa a los métodos de DO más tradicionales. Las herramientas mundanas son símbolos, pautas y entornos que forman parte de las actividades laborales diarias que pueden impulsar cambios en las organizaciones.

Dentro del enfoque de los métodos de cambio, hallamos una serie de estudios que se centraban en la eficacia de esos métodos. Porras y Berg (1978) examinaron el impacto de una serie de métodos de DO que incluían formación en el laboratorio, red de dirección y feedback de encuestas. Su estrategia fue revisar la literatura de 1959 a 1975 y determinar el impacto de esos enfoques sobre las variables del resultado. Encontraron que la satisfacción general del cambio era del 38 por ciento, apareciendo mayores variaciones en la satisfacción con la empresa, seguridad y salario, que con el propio trabajo.

Los métodos de DO parecen afectar a ambas variables del proceso (toma de decisiones) y variables de resultado (rendimiento).

Cuando examinaron la eficacia de diferentes enfoques del DO, Porras y Berg indicaron que puede ser más eficaz centrarse en las variables de proceso y de resultado (y no solo en una de ellas), pero las diferencias que encuentran entre los métodos probablemente no sean estadísticamente significativas. En otro hallazgo comunicaron que el número de intervenciones y la longitud de la exposición están relacionadas con el grado de cambios positivos. Aunque existen algunas ideas interesantes en ese trabajo, se basa en una revisión de estudios que no eran investigaciones empíricas bien controladas. Además, los autores utilizaron un diseño de dos variables para examinar un problema multivariable (para otros estudios en esta área (ver Quinn, 1978).

Otra clase de estudios empíricos examina el impacto de un método particular de intervención. En la mayoría de los casos no hallamos un grupo coherente de buenos datos empíricos que proporcione un cuerpo cumulativo de conocimientos sobre esos métodos de intervención. Pudimos encontrar más bien estudios aislados.

Nadler, Mirvis y Cammann (1976) examinaron el impacto de un elaborado sistema de feedback de entrevistas sobre las actitudes y rendimiento de los empleados en sucursales bancarias. Después de escribir el sistema de feedback y su ejecución, comunicaron que el grado de implicación de las diferentes sucursales en el uso del feedback influía sobre los efectos del método sobre las actitudes y rendimiento. Los empleados en sucursales con un mayor uso del feedback mostraron cambios más positivos en sus indicadores de satisfacción y rendimiento, aunque las diferencias fueron pequeñas.

Rosen y Primps (1981) proporcionan la mejor revisión de las investigaciones sobre los efectos de una semana de trabajo comprimida (como 4 días y 40 horas). Identificaron un marco para investigar el efecto de la semana de trabajo comprimida eran favorables, con ciertas generalizaciones, respecto a las actitudes laborales (p. 61). El efecto de la semana de trabajo comprimida sobre el rendimiento es ambiguo. Schein (1969) examina el impacto de la productividad con un horario de trabajo flexible durante 4 meses en 5 unidades de producción. Los resultados fueron mixtos en los diferentes grupos, sin una tendencia clara que apoyase un aumento de la productividad. Este hallazgo no es sorprendente, ya que los programas flexibles probablemente afecten a la decisión en participar más que en la decisión de producir.

La literatura sobre rediseño del puesto de trabajo y actitudes de los trabajadores es más compleja y amplia. Hackman y Oldham (1997) proporcionaron gran parte de la dirección del tema. La mayoría de los estudios señalan una relación positiva entre el aumento de la variedad en el trabajo, autonomía y la satisfacción laboral y participación. Hackman, Pearce y Wolfe (1978) examinaron el efecto de los cambios en trabajos administrativos sobre las actividades de los empleados y su compartimiento laboral.

Los resultados indicaron que los cambios en los puestos de trabajo afectaban a la satisfacción general, satisfacción creciente y motivación interna. Los resultados sobre el abastecimiento y rendimiento son menos claros, pero parecen estar moderados por diferencias individuales. White (1978) y O'Connor, Rutdolf y Peters (1980) han discutido los efectos de las diferencias individuales sobre el diseño del puesto de trabajo. Otros estudios (Hackman y Frank, 1977, y otros, 1978) señalaron la complejidad de conseguir un resultado positivo al rediseñar los puestos de trabajo.

Walton (1977) y Goodman (1979) examinaron la introducción de grupos de trabajo autónomos en dos entornos diferentes. Ambos informes indican que el impacto inicial de esta tecnología de intervención fue incrementar las actitudes positivas y el rendimiento de los trabajadores. Por ejemplo, Goodman (1979) examinó la introducción de grupos de trabajo autónomos en cuadrillas mineras. Un diseño longitudinal indicó actitudes más positivas hacia el trabajo, y un ligero aumento positivo en el rendimiento en un período de tres años.

Resumiendo, primero, la catalogación de los métodos de intervención sigue siendo la forma dominante de pensamiento sobre el cambio planificado. En segundo lugar, tanto en los trabajos empíricos como en los no empíricos, existe un movimiento hacia intervenciones estructurales que se apartan de las intervenciones sobre procesos, como formación en los laboratorios. Tercero, todavía hay huecos en la literatura empírica. Friedlander y Brown (1974) proporcionan un buen informe sobre el estado de lo que conocemos sobre ciertos métodos. Hemos intentado investigar la literatura desde 1977 para proporcionar una actualización de los temas en nuestros días. Nuestra norma fue centrarnos en estudios que tuvieran controles empíricos razonables. En general, no hallamos una literatura cumulativa y coherente.

Un segundo tema importante son las intervenciones múltiples a gran escala sobre el sistema. Aquí se presenta una combinación de métodos de intervención, a menudo sobre todo el sistema. Aunque la idea de los sistemas de intervenciones múltiples aparecen en algunas de las primeras revisiones (Friedlander y Brown, 1974), el énfasis ha cambiado claramente desde 1977. Ahora se presta mucha más atención a la introducción de métodos coherentes de intervención para todo el sistema.

El interés sobre la calidad de la vida laboral (CVL-QWL) probablemente haya tenido la mayor influencia sobre este tema o tendencia. Desde mediados de los setentas de han aplicado series de programas experimentales a gran escala para aumentar la CVL. Se han producido en empresas con implantación sindical y sin ella, en empresas nuevas y viejas y en el sector público y en el privado. El gran interés hacia la CVL proporcionó una fuerza legitimadora para experimentar con nuevas formas de organización. Si bien el propósito de este capítulo no es detallar las actividades de mejora de la CVL, el esfuerzo suele comenzar con un acuerdo entre los sindicatos y la dirección para mejorar la CVL. Se puede contratar a un asesor externo.

En una serie de proyectos de CVL se contrataría a un equipo asesor independiente. Los fondos pueden provenir del gobierno, o de fundaciones o de otras fuentes. Los cambios introducidos pueden incluir grupos para resolver problemas entre los trabajadores y la dirección mayor delegación de la autoridad a los trabajadores, más canales de comunicación entre los trabajadores y la dirección, nuevos sistemas de evaluación, rediseño de los puestos de trabajo y nuevos sistemas de salario.

Aunque es difícil resumir los resultados de estos proyectos, parecen tener efectos positivos sobre las actitudes laborales, reducir el ausentismo, tener efectos positivos sobre la seguridad, resultados mixtos sobre la productividad (en algunos casos mejora, en otros cambia, en otros empeora), y efectos positivos sobre la habilidad del trabajo (Goodman, 1979; Goodman y Lawler, 1977; Macy, Ledford y Lawler, 1982; Macy y Nurick, 1982), también han existido problemas persistentes en todas las intervenciones. Se ha escrito sobre casos de aumento en el estrés de supervisores y directivos medios, problemas de resolución de diferencias individuales, y problemas para mantener estas intervenciones en el tiempo (Goodman y Lawler, 1977).

El interés sobre las actividades de cambio de las CVL no se ha limitado a la organización como unidad de análisis. Se han iniciado programas de la CVL en la comunidad en el área de gestión laboral en las áreas de comunidades. En estos temas económicos y de CVL en la comunidad y comités de gestión laboral en las empresas. El surgimiento de organizaciones estatales de CVL (por ejemplo, en Michigan) ilustra un intento de crear cambios por difusión. Unidades sociales mayores, el Estado, así como las organizaciones de zona proporcionan mecanismos de comunicación entre los que ya poseen actividades de CVL y los que se proponen iniciarla. Esta unión de empresas, áreas y estado en un esfuerzo común es un método importante de legitimación, difusión y mantenimiento de cambios.

Han existido otras intervenciones a gran escala que no se han derivado de la tradición de CVL. Uno de los mejores documentos en un estudio de Beyer y Trice (1978) sobre la introducción de programas antialcoholismo en los departamentos gubernamentales. Estos investigadores comenzaron con un marco general de cambio construido alrededor de: 1) procesos de aplicación difusión, receptividad y utilización; 2) actores-supervisores, facilitadores, directores, y 3) limitaciones- comunidad, sindicatos y estructura de la organización. El trabajo empírico examina las características de los actores respecto al proceso. Por ejemplo, los supervisores se aplicaron estas políticas mayores, habían trabajado en la empresa durante más tiempo y eran más receptivos al cambio en general y estaban más familiarizados con ellas (Beyer y Trice 1978).

Los directores que aplicaban esta política tenían una mayor implicación laboral, habían trabajado en la empresa durante más tiempo, tenían mayor estatus laboral y pensaban que el rendimiento era importante para ascender en el trabajo. Respecto a las limitaciones, analizaron cómo la comunidad y el papel de los sindicatos también influían sobre su aplicación. Estos resultados son sólo hallazgos aislados de una red compleja de relaciones. Citamos este libro porque examina la introducción de dos políticas diferentes, pero relacionadas, utilizando intervenciones múltiples en un sistema muy complejo. La documentación empírica es buena y el libro merece una lectura detallada. Existe literatura relacionada y más amplia sobre la implementación a gran escala de programas sociales en organizaciones públicas (Scheirer, 1981; Williams y otros, 1982).

Resumiendo, la idea de intervenciones a gran escala sobre el sistema ha sido una tendencia importante en los esfuerzos hacia el cambio planificado en las organizaciones. La idea de las intervenciones múltiples no es nueva, pero la escala en la que se ha aplicado en los últimos 5-8 años si es nueva. Este tema es importante porque: 1) representa un conjunto de actividades con mucho énfasis sobre cómo desarrollar formas innovadoras de organización del trabajo; 2) ha generado un conjunto de análisis bien documentado sobre los cambios planificados en la organización con similitud suficiente como para permitir identificar uniformidades en las estrategias y resultados, y 3) ha resaltado el papel de unir a la empresa, comunidad, Estado y sistemas nacionales para difundir y sostener los cambios.

Un tercer tema importante es la evaluación del cambio. Una consecuencia de las intervenciones múltiples a gran escala sobre el sistema ha sido un notable desarrollo de la tecnología de evaluación de los cambios planificados en la organización. Desde 1976 se ha dispuesto de subvenciones para desarrollar Tecnología de evaluación. Los investigadores del Instituto de Investigaciones Sociales y sus asociados han sido los principales actores de este movimiento. Lawler, Nadler y Cammann (1989), Seashore, Lawler, Mirvis y Cammann (1982) y Goodman (1980) resumen estos trabajos.

Pueden categorizarse varios tipos de resultado de estas investigaciones:

1.- Modelos de evaluación: se han elaborado marcos más refinados para la evaluación (Nadler y Tushman, 1980; Van de Ven y Morgan, 1980). Ha existido una mayor preocupación por mejorar nuestra comprensión del concepto de eficacia en los esfuerzos de cambo (Carnall, 1980; Goodman y Pennigns, 1980). El trabajo de Goodman y Pennigns identifica algunos enfoques para definir el dominio de eficacia, seleccionar las personas, identificar los límites e identificar los marcos temporales adecuados.

2.- Instrumentación. Se han desarrollado nuevas mediciones estandarizadas para evaluar la instrumentación de las organizaciones. El paquete Michigan Organizational Assessment probablemente sea el más completo, contiene una lista que cubre una amplia gama de temas tradicionales sobre actitudes (ejemplo, jefe y grupo de trabajo) y un nuevo grupo de temas para describir la organización (por ejemplo, tecnología y estructura) y los sindicatos. Se han desarrollado otros procedimientos para observar el comportamiento de los grupos (Goodman y Conlon, 1982), episodios organizativos (Seashore, Lawler, Mirvis y Cammann, 1982), etc.

3.- Diseño. El uso de diseños de series temporales más complicados ha caracterizado los trabajos actuales sobre evaluación. También se ha prestado más atención al uso de los grupos de control para estimar la validez interna (Goodman, 1979). Esto contrasta con los primeros trabajos sobre el cambio planificado en organizaciones, que utilizaban observaciones únicas después del cambio experimental (White y Mitchell, 1976).

4.- Procedimientos analíticos. Se han utilizado procedimientos analíticos y estadísticos más sofisticados y con más frecuencia. La mayor parte de los primeros trabajos analizaron los porcentajes de cambio sin ningún procedimiento estadístico (White y Mitchell, 1976). Ahora encontramos una mayor especificación de los modelos de pruebas en las tareas y de actitudes (Goodman, 1979). Epple, Goodman y Fiedler (1982) presentan modelos analíticos y estadísticos para evaluar la productividad. Pueden hallarse procedimientos de análisis costo-beneficio en Macy y Mirvis (1976) y Goodman (1979).

5.- Otros. Existen otros temas de evaluación que no hemos enumerado. Golembiewski, Billingsley y Yearger (1976) proponen que hay tres tipos de cambio: alfa, beta y gamma, y que diferentes diseños y metodologías encajan en estos tipos diferentes de cambio de grado dentro de un estado. El cambio es similar, pero el continuo de medición asociado con un estado se ha recalibrado. El cambio gamma se refiere a los cambios en el estado. Pueden hallarse algunas controversias sobre estas distinciones en la medición del cambio en Lindell y Drexler (1979) y en Golembiewski y Billingley (1980).

Puede hallarse una perspectiva muy diferente sobre la evaluación del cambio en las organizaciones en SATW (1977). Porque algunas ideas innovadoras sobre como los métodos para evaluar el cambio se convierten en parte integral de la organización en proceso de cambio.

En resumen, la idea clave en este tema es que ha desarrollado un gran grupo de tecnologías de evaluación. Aunque no disponemos de métodos para documentar la mayoría de los procesos de cambio.

Un cuarto tema importante es el fracaso, específicamente la documentación de fracasos en los cambios planificados de la organización.   La obra de Mirvis y Berg: Failures in Organization Development and Change (1977) es una compilación de casos y ensayos (los investigadores mencionados en ese párrafo contribuyeron a ese trabajo). Algunos de los casos señalan problemas de entrada que condujeron al fracaso D.N. Berg señala que la importancia percibida del esfuerzo del cambio, el grado en que la organización es "Loosely coupled" y la percepción de que el autor del cambio apoya a uno de los grupos en conflicto, inciden sobre el éxito del cambio R. Lewicki y C. Aldefer exploran el problema de la entrada del autor del cambio en una situación de conflicto entre trabajadores-dirección, y cómo esto afecta al cambio.

El capítulo de W. Crockertt señala los problemas para introducir y mantener el programa de intervenciones múltiples en el departamento de estado.   El papel del liderazgo, valores conflictivos, y falta de compromiso son temas críticos en esta actividad de cambio.   L. Frank y R. Hackman examinan el fracaso de un programa para enriquecer los puestos de trabajo. No pretendemos resumir cada capítulo del libro, sino más bien indicar que el libro es un recurso valioso para examinar los fracasos en lo cambios de una organización.   El lector podrá resumir de cada caso una lista de los factores relacionados con el fracaso.

Disponemos de otras publicaciones sobre la ausencia de cambios significativos por razón de programas planificados. Billings, Klimoski y Breaugh (1977) examinaron el cambio en la tecnología de la producción por lotes a la producción masiva en el departamento de nutrición de un hospital. Este trabajo es muy bueno en la identificación teórica de los efectos potenciales, así como en su análisis cuidadoso de los resultados con un diseño de series temporales. Un análisis de las principales variables dependientes, como importancia del trabajo, variedad de las tareas, interdependencia de las tareas, y cercanía de la supervisión, no apoyó los efectos hipotetizados de cambio tecnológico. Una explicación de la ausencia de efectos una vez implantado el cambio fue que los empleados anticiparon muchos de los cambios antes de introducir la tecnología.

Hall y otros (1978) examinaron el efecto de cambios en los departamentos de arriba abajo y en el trabajo, sobre el comportamiento y actitud de los empleados utilizando un estudio longitudinal. Entendieron que -contrariamente a los hallazgos de un número elevado de estudios sobre correlación, pero concordando con otros 4 estudios longitudinales-, los cambios en las características del trabajo no estaban relacionados con los cambios en el esfuerzo percibido, rendimiento con la dedicación en el trabajo.

Otros hallazgos indicaron resultados negativos asociados con cambios en los departamentos. Por ejemplo, la sensación psicológica de éxito era menor en los departamentos que iniciaron cambios "positivos" (diseño del trabajo) o "negativos" (mayores controles) que en los departamentos que no experimentamos cambios. Mayo y sus colaboradores atribuyeron los efectos de los departamentos a su naturaleza vertical de arriba abajo (y no participaron).

El informe de Walton (1978) sobre el famoso experimento de la empresa de alimentos para animales de Topeka es otro ejemplo de investigación en esta área. Este análisis histórico termina con ese cambio de la organización en declive. Hay varios factores que originan el declive. Había una "ausencia de sistema correctores potentes, de capacidad de auto renovación". Algunos de los patrocinadores iniciales del proyecto se habían marchado de la fábrica. No existían nuevos retos que pudieran haber estimulado la renovación de actividades, se montó una planta cercana sin muchas de las nuevas estructuras laborales introducidas en la planta original de Topeka. Debido a ese fracaso en difundir la nueva estructura de trabajo a la nueva planta, se perdió el mecanismo que podría haber legitimado y apoyado las actividades de la introducción del cambio (Blumberg (1977) y Firestone (1977). Resumiendo, la documentación de fracasos es un tema importante en el cambio planificado. Centra nuestra atención en el problema de mantener los fracasos en los cambios. Es decir, nos fuerza a explicar desde una perspectiva teórica los fracasos en los cambios planificados en las organizaciones.

Un quinto tema importante en la literatura es el nivel de teorización. Observamos tres tendencias. La primera es que los marcos generales siempre han caracterizado la literatura sobre el cambio (Lewin, 1951; Schein, 1969). Los trabajos actuales sobre el cambio continúan con esta orientación teórica de sistemas amplios (Beer, 1989; Huse, 1980). Nadler (1981) propone un modelo de congruencia del cambio organizado en inputs, procesos de transformación y outputs. Los inputs son los recursos e historia del entorno: la transformación se refiere a las tareas, organización informal y componentes individuales y formales de la organización, y los outputs pueden ser a nivel individual, de grupos o de la organización. Las organizaciones serán más eficaces cuando sus componentes principales sean congruentes (Nadler, 1981).

El problema de ejecutar los cambios se convierte en un problema de gestión de los inputs, transformación y outputs para mantener la congruencia. La variable principal de éste y otros modelos generales del cambio es que identifican un amplio grupo de variables que deben considerarse en la evaluación. Las desventajas de este tipo de teorías son su imprecisión, ya que no se identifican las variables críticas y se ignoran las relaciones funcionales entre variables, por lo que, así es imposible generar hipótesis comprobables.

Una segunda tendencia es el desarrollo de inventarios de proposiciones Hage (1980) divide los procesos de cambio en evaluación, iniciación, aplicación y rutinización y después genera una lista de proposiciones para cada parte del proceso. Por ejemplo, para el de rutinización, Hage (1980) ofrece hipótesis tales como:

• Cuando mayor sea el consenso sobre los fallos del rendimiento, menor será el grado de conflicto, y el grado de costos, y mayor será la extensión de los beneficios percibidos, por lo que es más probable que se tome la decisión de institucionalizar la innovación.
• Cuanto mayor sea el consenso sobre los fallos en el rendimiento, mayor será la duración del tiempo de experimentación.

Kochan y Dyer (1976) desarrollaron un inventario sobre el cambio en la organización en el contexto de relaciones sindicatos-dirección. Es un trabajo importante, porque intenta desarrollar un inventario teóricamente coherente en un área en la que se han realizado pocos trabajos. Sus proposiciones de cambio se organizan alrededor de estímulos para que los sindicatos-dirección realicen cambios, la decisión de trabajar en programas conjuntos y mantener el compromiso (Kochan y Dyer, 1976).

• Cuanto menos se perciba a los líderes de los sindicatos como cooptados en roles de ejecución e indistinguibles de la dirección, será más probable que el sindicato continúe su compromiso con el programa en el tiempo.

• Cuanto más se amortigüe el programa por las maniobras estratégicas del proceso formal de negociaciones (es decir, las tácticas distributivas de los sindicatos y directores) más probabilidades existirán de que las partes mantengan su compromiso con el programa en el tiempo.

• Cuanto más agresivamente luchen los líderes de los sindicatos por los objetivos de sus representados sobre temas de distribución por medio del proceso de negociación colectiva, más probabilidades existirán de que los sindicatos mantengan su compromiso conjunto con el programa en el tiempo.

El capítulo de Walton sobre el establecimiento y mantenimiento de sistemas de trabajo con un elevado grado de compromiso es otro ejemplo de trabajo teórico importante sobre el cambio. Sus proposiciones se organizan alrededor de las condiciones que facilitan la eficacia de los sistemas de trabajo, adecuación entre la tecnología de la estructura y recursos humanos, compromisos generados por la estructura y significación de los incentivos y maduración adaptación y supervivencia, esos incluyen:

• Cuanto mayor sea la diferencia entre el inventario de recursos humanos al formar la estructura y los recursos humanos necesarios por apoyar la estructura laboral planificada para condiciones de fase estable, más tiempo tardará en madurar la estructura laboral. Las diferencias relativamente grandes pueden deberse a varios factores: una estructura planificada muy orgánica, tecnologías con dificultades inherentes, trabajadores con baja capacitación en el momento de la contratación y predisposición a un bajo nivel de dedicación.

• Cuantos más cambios se produzcan en el carácter de la tecnología durante el período de formación, más tiempo se tardará en establecer una estructura del trabajo.

Dunn y Swierezeck (1977) examinan un grupo de hipótesis o proposiciones generadas por otros investigadores sobre el cambio. Estas proposiciones oscilan entre sí tendrán más éxitos los esfuerzos de cambio en organizaciones económicas (frente a las no económicas), y al papel de los agentes de cambio externos frente a los internos. Al revisar la literatura, los autores hallaron apoyo a las proposiciones que indican el efecto positivo de la colaboración y participación en el cambio y menos apoyo a las proposiciones sobre otros tipos de organización, origen de las proposiciones y no en los hallazgos empíricos. Otros estudios que hemos revisado, (por ejemplo, el de Porras y Berd, 1978) presentan aspectos del cambio (como el origen del agente del cambio) y el éxito de forma bivariable; aunque desafortunadamente, el mundo es multivariable.

Aunque es difícil discernir un movimiento que se aparte de los marcos generales en el inventario de proposiciones sobre el cambio, pensamos que el enfoque de inventarios puede ser muy productivo para agudizar nuestra comprensión sobre el cambio y para estimular las investigaciones empíricas.

Una tercera tendencia es elaborar un proceso de cambio determinado. Existe -en esa época -cada vez más literatura sobre los procesos de aplicación (Elmore, 1978, Scheirer, 1981, Williams y cols., 1982). Muchos de estos investigadores de este campo provienen de las ciencias políticas y de la tradición que estudió la administración deductiva y centran sus problemas en la aplicación a organizaciones públicas. Scheirer (1981) proporciona una buena revisión sobre algunos de los trabajos empíricos en este campo, y después desarrolla un grupo de proposiciones sobre cómo inciden en la aplicación de nuevos programas de componentes de macronivel (procesos de decisión, procesos de control, etc.); procesos intermedios (expectativas de los supervisores, procedimientos operativos estándar, etc.) y variables individuales (comportamiento, incentivos y procesos cognitivos).

La institucionalización, que se refiere a la persistencia de los cambios en el tiempo, es otro proceso examinado recientemente. Levine (1980) examina el proceso de institucionalización de 14 innovaciones en una universidad. En este análisis se utilizan dos conceptos principales:

compatibilidad y rentabilidad que se define como el grado en que una innovación satisface las necesidades de la organización huésped, del grupo y de la persona.

Goodman, Conlon y Bazerman (1978) proporcionan otro enfoque para la institucionalización. Identifican un modelo básico que recalca los procesos de institucionalización y por medio de una revisión de la literatura, relacionan factores como sistemas de recompensa y compromisos con el modelo bifásico. Otros trabajos importantes sobre la institucionalización son los de Zucker (1977), Meyer y Rowan (1978) y Kimberly (1979).

Walton (1977) inició algunos de los primeros análisis sobre los procesos de difusión a nivel de empresa. Examina varios casos en la que fracasó la difusión e identifica un grupo de factores que explican la ausencia de difusión. Algunos de ellos incluyen confusión sobre lo que hay que difundir, inadecuación de los conceptos empleados y falta de compromiso de dirección.

Un enfoque muy diferente sobre la elaboración de los procesos del cambio de las organizaciones es el de los trabajos de Biggart (1977) que analiza los procesos destructivos en los cambios en las organizaciones. La destrucción incluye cualquier acción que anule, desacredite, suprima o inutilice de cualquier forma la estructura de la organización. El argumento básico es el que esos procesos destructivos son parte necesaria de la actividad de reorganización. El material empírico de este análisis se deriva un cambio importante en la organización del sistema postal americano. Los procesos destructivos incluyen eliminar antiguas ideologías, alianzas de poder y liderazgo a fin de permitir el desarrollo de nuevos sistemas congruentes con la nueva estructura de la organización.

Resumiendo, no existen tendencias claras en la elaboración teórica del cambio. Persiste la tendencia de la literatura pasada de representar sistemas amplios como flujogramas del cambio. Aunque este enfoque tiene cierto valor heurístico, en realidad no es una teoría coherente sobre el cambio y posiblemente impide el desarrollo teórico. Los, trabajos sobre inventarios de proposiciones o conceptualización de los procesos de cambio mejoran nuestras posibilidades de desarrollar y comprobar las teorías sobre los procesos del cambio.

ADAPTACIÓN

La adaptación se refiere a la modificación de la organización o de sus componentes para que encaje o se ajuste a su entorno globalizado. En esta sección seguiremos la estrategia de identificar los temas principales de la literatura revisión y después consideramos tres temas sobre adaptación: la perspectiva de la ecología de la población, la perspectiva organización-entorno y la adaptación dentro de la organización.

Revisión

Los teóricos de la organización comenzaron a escribir sobre la adaptación de las organizaciones a su entorno en los primeros años de los setenta. El primer trabajo que puede considerarse una revisión es el Child (1972), que aboga por la adaptación. Aunque otros han propuesto que el entorno, la tecnología o el tamaño de la organización dictan su estructura o cómo se adapta la organización, Child afirma que las elecciones estratégicas de las personas que toman las decisiones en la coalición dominante son esenciales para comprender cómo se adapta la organización a su entorno, especialmente para comprender cómo se adapta a la organización dominante que tiene autonomía sobre muchas variables que permiten a las organizaciones adaptarse de forma proactiva, en lugar de meramente acomodarse a los cambios incontrolables.

Por ejemplo, las organizaciones pueden elegir en qué entorno o mercado operar, pueden manipular y controlar su entorno, pueden utilizar sistemas de control para tratar de mitigar los efectos negativos de su gran tamaño y pueden percibir y reevaluar sus entornos en formas que les permitan adaptarse creativamente a las contingencias.

Aldrich y Pfeffer (1976) revisan la literatura sobre las organizaciones que considera la relación entre organizaciones y su entorno. Consideran dos modelos, a los que denominaron el modelo de selección natural y el modelo de dependencia de los recursos. Ambos modelos tienen en cuenta las influencias del entorno sobre las decisiones y estructuras de las organizaciones. Difieren en el énfasis sobre la selección del entorno y la toma de decisiones de la dirección.

La perspectiva de dependencia de los recursos también se ha denominado modelo político económico y modelo de intercambio de dependencias. Esta perspectiva implica que los gerentes deben tomar decisiones para adaptar las organizaciones y deben efectuar transacciones con ciertos elementos de sus entornos, lo que crea una interdependencia. Al analizar esas interdependencias, este modelo explica cómo y por qué se toman las decisiones en las organizaciones.

La mayoría de las decisiones se originan de interdependencias y transacciones. Las organizaciones se consideran agentes activos, que pueden responder a su entorno y cambiarlo. Como muchas configuraciones de organizaciones permiten que las organizaciones sobrevivan, se considera que las elecciones estratégicas son centrales para comprender las relaciones organización-entorno y los cambios en las organizaciones.

El modelo de selección natural es un modelo de evolución de las organizaciones. Contrasta mucho con la opinión de Child (1972) y con el modelo de dependencia de recursos. El modelo de selección natural se aplica a las poblaciones de organizaciones. En él, el entorno selecciona las organizaciones de forma diferencial, basando su selección en la capacidad de la estructura de las organizaciones de explicar los recursos del entorno. El modelo, al no dar demasiada importancia a la toma de decisiones por parte de la dirección, proporciona primariamente una explicación histórica, o post hoc, de los cambios y adaptación de las organizaciones. La adaptación adquiere un significado diferente en un modelo evolutivo. Campbell (1969) propone un modelo evolutivo en tres fases que elaboran Aldrich y Pfeffer (1979). En primer lugar, se producen variaciones (aleatorias, prestadas, o creadas por los que toman decisiones) que son irrelevantes. Las personas pueden adaptarse a su entorno, pero todo lo que han hecho colectivamente es proporcionar un grupo de variaciones en las poblaciones de las organizaciones. En la segunda fase, selección, el entorno selecciona de forma diferencial una o algunas de estas variaciones. Otras organizaciones fracasan, lo que elimina variaciones seleccionadas. Este método da poca importancia a la capacidad de adaptación de las personas.

Resumiendo, estas revisiones delimitan un continuo de la importancia atribuida a la toma de decisiones por parte de los directivos, en el rol de la adaptación. Child (1972) fija un extremo del continuo. Los directores pueden influir fuertemente sobre la forma en que las organizaciones se adaptan al entorno, y lo hacen, pero se trata de contingencias reales a las que deben adaptarse. La perspectiva de selección natural se fija en otro extremo del continuo: los directores tienen poco efecto significativo sobre la población de organizaciones supervivientes (que se adaptan).

La mayor parte de los trabajos importantes sobre adaptación desde la revisión de Aldrich y Pfeffer (1976) han tomado partido. Como en realidad no son revisiones, las consideramos bajo sus temas respectivos (Aldrich, 1979, Hannan y Freeman, 1977, Pfeffer y Salanick 1978). Haremos un muestreo de lo que puede ser una literatura sobre la adaptación. Pero esta literatura carece de forma y hay pocas guías. Impondremos cierta forma de proanálisis de los trabajos de los autores. Discutiremos tres temas: Poblaciones de organizaciones, adaptación a nivel de la relación organización-entorno y adaptación dentro de las organizaciones.

POBLACIONES DE ORGANIZACIONES

En esta sección consideramos la perspectiva de ecología de la población. Ninguno de estos enfoques a la adaptación concede mucha importancia a las elecciones estratégicas; de hecho, se escribieron en parte para proporcionar alternativas a los modelos de elección de los gerentes. Las perspectivas del nivel de población comparten ciertas premisas básicas sobre la adaptación. En primer lugar, la adaptación sólo tiene significado cuando se considera en términos de que una vez que se ha producido la selección, podemos decir que la organización se ha adaptado. Se considera más minucioso explicar el cambio y la adaptación que examinar los puntos clave de la transición y con cuánta frecuencia se han producido cambios en el entorno.

Desde la perspectiva de ecología de la población, intentan presentar una alternativa a la forma dominante de los modelos, que prejuzgue que las subunidades de la organización, normalmente los directores o coaliciones dominantes, buscan en el entorno relevante las oportunidades y amenazas, formulan respuestas estrategias y ajustan la estructura de las organización consecuentemente. La alternativa son dos temas más amplios: la unidad adecuada de análisis para estudiar las organizaciones y la aplicabilidad general de la ecología de la población para estudiar las organizaciones sociales.

Son claras en ambos puntos, abogan explícitamente por centrar la atención en las poblaciones de organizaciones. Por tanto, las hemos incluido en esta sección. También afirman que las inercias estructurales impiden de tal forma las elecciones de los gerentes que el estudio de la organización social es fundamentalmente un estudio de ecologías de la población (no puede reducirse a un nivel inferior de análisis). A este nivel de análisis podemos ver una perspectiva de adaptación que no se basa mucho en las elecciones de los gerentes.

La siguiente hipótesis, representa una versión simplificada de la argumentación típica de este nivel de análisis y la ausencia de elección de los directores, ya que propone que, enfrentadas a entornos inestables, las organizaciones que desarrollan una estructura generalizada son incapaces de adaptarse de forma óptima. Otras estructuras de organizaciones de carácter general tampoco se adaptan a entornos inestables e inciertos.

No podemos comprender cómo se adaptan las organizaciones hasta que podamos diferenciar y desarrollar procedimientos, identificar y categorizar formas de organizaciones en clases. Estas tres tareas son las tareas de la sistematización: taxonomía evolución y clasificación. De ellas, la evolución es la que más influye en la comprensión de la adaptación y cambio.

Los entornos de las organizaciones cambian, las organizaciones responden, o explican la evolución; las diferencias y cambios lentos en las estructuras, procesos y competencias a través de generaciones sucesivas. El curso específico de la evolución y cambio de las organizaciones viene determinado en última instancia por las características del entorno. En esencia, la adaptación a un entorno cambiante explica las diferencias entre las organizaciones y, por tanto, los cambios y evoluciones. Para comprender los cambios, es preciso estudiar las diferencias en el entorno tecnológico, económico, social, cultural, de mercado y político.

Hemos utilizado tres trabajos para ejemplificar diferentes enfoques, a nivel de población a la adaptación y al cambio. El trabajo de Hannan y Freeman (1977) es un trabajo relativamente abstracto que predice la aparición y cambios de estructuras basadas en cambios en nichos del entorno. El libro de Aldrich (1979) trata ampliamente el modelo de selección natural en tres fases. El cambio se deriva de variaciones en las formas de la organización, una de ellas son las decisiones de los directivos que se seleccionan y retienen. McKelvey (1982) presenta un modelo axiomático de evolución que explica el cambio en términos de adaptación de la organización a entornos cambiantes. Todos estos trabajos agregan organizaciones en poblaciones, todos ellos infravaloran o ignoran la importancia de las decisiones de los gerentes y todos ellos consideran que el origen de la adaptación es una inconsecuente conducta de evolución.

RELACIONES ORGANIZACIÓN-ENTORNO

Ahora pasaremos a un tema cuyo nivel de análisis está menos agregado que el de la población. Los autores que utilizan este nivel de análisis se centran en cómo se relacionan las organizaciones con su entorno. Específicamente, revisaremos los trabajos que comparten la idea de que los gerentes, en sus intentos por adaptarse a sus entornos, toman decisiones sobre su relación con el mismo. Estas elecciones, no el entorno en sí, son las explicaciones más importantes del cambio. Este tema básico se ha enfocado de muchas formas: por medio de un modelo de dependencia de los recursos, en términos de cómo la estrategia y la estructura afectan a la adaptación a su entorno de los que toman las decisiones en la organización.

Estrategia y estructura.

Muchos investigadores han estudiado la forma en que las elecciones sobre estrategia permiten a las organizaciones adaptarse a sus entornos. Hemos subdividido este grupo de investigación en los estudios que tratan principalmente de estrategia, estructura o su interacción. La estrategia es un término muy amplio, que denota un plan general para conseguir algún objetivo. En esta discusión, consideremos que la planificación y estructura de la organización son dos componentes de la estrategia, es decir, tácitas para conseguir un objetivo estratégico.

Varios estudios han tratado de la forma en que la elección de estrategia permite que las organizaciones se adapten. Un entorno turbulento y hostil (bajo crecimiento, inflación, regulación y competencia) afectaría a las estrategias de supervivencia utilizadas por la gestión. Utilizando datos publicados y entrevistas de campo, se encontró que el éxito de 8 grandes empresas nacionales dependía de conseguir o bien los menores costes o la mayor diferenciación (Lindsay y Rue, 1980). La planificación es otra parte importante de las estrategias de cambio. Ellos utilizaron una encuesta en dos fases para explorar cómo los procesos de planificación a largo plazo se ven afectados por la complejidad e inestabilidad de entorno. Los hallazgos de Khandwalla (1976) son similares a los de Lindsay y Rue (1980): las incertidumbres complejas provocan estrategias de planificación completa y elaborada.

Kurke (1981) examina la forma en que las estrategias cambian o persisten en el tiempo. Utiliza un diseño de laboratorio cuasi- longitudinal para comprobar cómo afectan la incertidumbre del entorno y la frecuencia del cambio a las elecciones y perpetuación de las estrategias de toma de decisiones. Kurke (1981) halla que la frecuencia de cambios e incertidumbre se interrelacionan para producir una tradición de cambio que permite a los que toman las decisiones adaptar su organización rápidamente cambiando su estrategia con velocidad.

La estructura de la organización es otro componente que las personas cambian en un esfuerzo por adaptarse a los cambios del entorno. La mayoría de las personas aceptan la idea de que el entorno afecta a la estructura de alguna forma: Burns y Stalker (1961), Wodward (1965) y Lawrence y Lorsch (1967) demostraron convincentemente esta relación. Los investigadores han estudiado muchas variables diferentes que pueden explicar cómo y por qué el entorno afecta a la estructura (DuBick, 1978, Marks, 1977, Segal, 1974). Las explicaciones oscilan desde (Lincoln, Olson y Hanada, 1978) cómo la presencia cultural (de los japoneses) en este ejemplo afectan a la especificación funcional (varía a la inversa), a cómo las burocracias públicas responden a los cambios del entorno (Meyer, 1979). Específicamente, Meyer (1979) halla que; a pesar de la apertura y variabilidad de las estructuras burocráticas, también existe evidencia de que los cambios en las organizaciones no se producen con tanta rapidez como los cambios en el entorno.

Como resultado, la adaptación entre organizaciones y entornos es mayor en el momento de la fundación, y posteriormente declina gradualmente hasta que se convierte en necesaria una reorganización a fondo o una sustitución de las unidades existentes. La estructura que inicialmente es una acomodación al entorno, eventualmente se convierte en un impedimento para los cambios y debe alterarse de forma fundamental. En este y otros ejemplos, las diversas facetas del entorno influyen mucho sobre la estructura.

Si bien la mayoría de las discusiones se centran en un aspecto u otro, algunos autores, cuyos trabajos revisamos en esta sección, combinan explícitamente estrategia y estructura, en general tipológicamente. Miles y Show (1978; Miles, Snow, Seller y Colman, 1978) proponen un modelo de ciclo adaptativo para el proceso adaptativo, utilizando una perspectiva de elecciones estratégicas. En este modelo, los directores tienen tres problemas que resolver. Los problemas de índole empresarial, de ingeniería y administrativos.

Al resolverlos, los directores se convierten en uno de los cuatro tipos de estrategias defensores, analizadores, prospectores y reactores. Los defensores crean estabilidad (solución a los problemas de la empresa), producen y distribuyen los bienes de la forma más eficaz posible (solución a los problemas de ingeniería) y controlan fuertemente la organización para asegurar la eficiencia (solución al problema administrativo). Los prospectores localizan activamente y desarrollan nuevas oportunidades con soluciones de ingeniería y administrativas que apoyan el impulso empresarial. La estrategia de reactor es consistente e inestable a los 3 problemas. Estos autores afirman que si una estructura es exitosa en particular, excepto la reactiva, las otras son la forma ideal de adaptación.

Snow y Hrebink (1980) amplían el trabajo demostrando que los directores se perciben a sí mismos como poseedores de una competencia distintiva que les permite adaptar a la organización de forma eficaz. Específicamente, el gran énfasis del defensor en la eficacia de la fabricación produce típicamente una organización que muestra puntos fuertes en la gestión general, producción, ingeniería aplicada y gestión financiera. En otro extremo, el énfasis del prospector en la eficacia de los productos y mercados desarrolla una organización cuyas competencias distintivas se centran en la gestión de mercado e ingeniería básica. La explotación de la competencia distintiva es una táctica de adaptación eficaz.

Miles y Friesen (1980) proponen otra tipología para categorizar las diversas formas, o arquetipos, que las organizaciones utilizan durante periodos de cambio o adaptación. Afirman (Miller y Friesen, 1980) que, en general, las organizaciones son lentas para adaptarse a los cambios del entorno; existe un tremendo "impulso" incorporado en algunas estructuras de la organización que impide un cambio rápido. Sin embargo, los autores hallan que cuando las organizaciones cambian, se producen inversiones "revolucionarias" simultáneamente en muchas variables de la estructura.

Aunque las organizaciones se resisten a un cambio debido a su impulso, cuando cambian y se adaptan cambian de forma revolucionaria, más que de forma evolutiva. Los arquetipos que proponen son las configuraciones más típicas durante estas transiciones revolucionarias. Por ejemplo, el arquetipo denominado consolidación, normalmente se activa por una tendencia percibida por atrincherarse y consolidarse. Por ejemplo, la empresa se puede haber diversificado con demasiada rapidez y en ciertas zonas no rentables, o pueden haberse agotado los recursos debido a una expansión excesiva. La disminución de los beneficios y la sensación de que la empresa está fuera de control, hacen pensar que se precisa realizar algunos cambios (Miller y Friesen, 1980). Estos arquetipos estratégicos no implican necesariamente una mejora en la adaptación ya que pueden ser disfuncionales.

Enfoques fenomenológicos

A finales de los sesenta han aparecido varios artículos conceptuales que comienzan a explicar, desde una perspectiva fenomenológica, por qué las estructuras aparecen, se mantienen y cambian. La mayoría de los autores de estos artículos se basan en los trabajos de Sheik (1979 sobre actuación. Al igual que la explicación sobre la actuación, las explicaciones fenomenológicas del cambio se basan en la introspección descripción e interpretación para comprender como los actores sociales construyen sus mundos vitales y los comparten como si fueran reales. Para los fenomenologístas, el cambio y la adaptación tienen lugar alterando las realidades construidas por los actores. Por su parte, (Meyer y Rowan, 1978; Zucker, 1977) revisaron dos obras representativas.

Ranson, Hinigs y Greenwood (1980) proponen un marco integrador, un marco teórico y metodológico unificado, que se basa en tres categorías conceptuales abstractas. La primera proporciona significado, engloba un esquema interpretativo para los miembros de la organización que les permite comprender sus mundos como significativos y les proporciona valores para aplicar estructuras. La segunda, establece que dependencias del poder, permiten a facciones diferentes resolver sus esquemas interpretativos alternativos y preferencias de valor. La tercera categoría son las limitaciones de contexto.

Estas limitaciones son inherentes a las características de la organización y el entorno, respondiendo los miembros de la organización de forma diferente y actuando sobre sus condiciones según las oportunidades que les proporcione la infraestructura (Ranson, Hinings y Greenwood, 1980). Su marco implica que el cambio en la organización se produce cambiando el significado de las competencias de los miembros, las dependencias de poder o las limitaciones de contextos.

Pfeffer (1981) afirma que los gerentes tienen dos tareas básicas: gestionar interdependencias (una noción que hemos revisado bajo el modelo de interdependencias de recursos) y gestionar a nivel simbólico interno a la organización. Para Pfeffer (1981) el nivel simbólico es cuando el uso del lenguaje político y la acción simbólica sirven para legitimar y racionalizar las decisiones y normas de la organización. Se considera que las organizaciones son sistemas de significado y creencias compartidas, en las que las actividades administrativas críticas implican la construcción y mantenimiento de sistemas de creencias que asume un cumplimiento continuado, compromisos y efecto positivo por parte de los participantes.

La dirección crea y mantiene esos "paradigmas" por medio del lenguaje, simbolismos y rituales. En el mundo simbólico de Pfeffer, el cambio y la adaptación se producen cuando los directores emplean diferentes lenguajes y rituales, para modificar los comportamientos compartidos de los participantes. La forma en que los directores actúan sobre el entorno afecta mucho a la forma en que pueden adaptar su organización. Peters (1978), citado anteriormente, nos proporciona el mejor "libro de recetas" sobre cómo modificar los paradigmas para que los directores consigan la adaptación.

Resumiendo, el modelo de dependencia de recursos, estudios de estrategia y estructura y enfoques fenomenológicos al cambio, son partes de un tema que relaciona la adaptación de la organización con el entorno y las decisiones de los directores. Los estudios presentados sobre este tema presentan un grupo de diversos enfoques, métodos y estilos teóricos. Esta diversidad es un cambio saludable de los realizados en la década de 1960 y principios de los 70s sobre los cambios en las organizaciones.

Adaptación dentro de las organizaciones

La investigación que se centra en la adaptación dentro de la organización es la menos agregada y más compatible con una perspectiva de elecciones estratégicas. Los autores de esta investigación dan por sentado que se producen cambios o perturbaciones en el entorno y se concentran en las adaptaciones que se producen dentro de la organización.

Nuestra búsqueda de trabajos sobre el cambio reafirmó nuestra creencia de que la innovación puede ser un componente importante para los cambios en las organizaciones. No obstante, no hemos intentado efectuar una revisión exhaustiva de la literatura sobre la innovación. Podríamos haber incluido la innovación bajo el tema de los cambios planificados en la organización, y de hecho, hemos citado algunas referencias sobre la innovación. Sin embargo, las innovaciones pueden no ser planificadas, y por qué no todos los cambios planificados son innovadores. Además, los trabajos incluidos aquí no ayudan a comprender la adaptación ex post, mientras que los trabajos incluidos en los trabajos planificados en las organizaciones nos ayudan ex ante.

Han existido muchos enfoques para la innovación que oscilan desde el estudio de los atributos de la personalidad de personas que son, o no, innovadoras, a métodos para medir percepciones de innovación, a estudios sobre diferentes fases de innovación.

Kirton (1980) continúa desarrollando y elaborando su teoría de la adaptación e innovación. Afirma que los individuos tienen diferentes estilos característicos de creatividad resolución de problemas y toma de decisiones. En breve, los directivos adaptadores tienden a funcionar de forma cognitiva dentro de los confines del paradigma apropiado aceptado conceptualmente en los que se percibe inicialmente la existencia de un problema (o nuevo estímulo) el paradigma como parte del problema. (Kirton, 1980) predice como las proporciones de adaptadores e innovadores varían según la estructura de la organización. Presumiblemente, la proporción de innovadores afectará a la rapidez de adaptación de las organizaciones.

Siegen y Kaemmerer (1978) intentaron medir la forma en que los miembros de la organización percibían la innovación en su organización. Propusieron 5 dimensiones que serían características de las organizaciones innovadoras: tipo de liderazgo, sensación de propiedad de las ideas, normas de diversificación, desarrollo continuo o experimentación con concepciones alternativas, y consistencia.

Después desarrollaron una escala, la experimentaron y la reafirmaron. De las 5 dimensiones, hallaron que unos de los principales factores (apoyo a la creatividad) y dos factores menores (diversidad y propiedad) son indicadores fiables de las percepciones de innovación en las escuelas tradicionales y alternativas. Su trabajo sugiere que el apoyo a la creatividad puede ser crucial para la adaptabilidad en las organizaciones.

El resto de los autores que revisaremos aquí escribe sobre fases o estadios específicos (como concepción, propuesta, adopción y ejecución) de las innovaciones.

Daft (1978), en un intento por comprender el origen de la innovación, examina las fases de la misma en su propuesta. Su hallazgo básico es que los profesionales son la principal fuente de innovaciones técnicas, pero los supervisores y superintendentes proporcionan la mayoría de las innovaciones administrativas. Este hallazgo estuvo influido por el grado de profesionalidad (por ejemplo, los profesionales proponen más innovaciones que los menos profesionales; sin embargo, cuanto menor es la profesionalidad, más administradores proponen innovaciones técnicas) donde el tamaño de la organización tiene poco efecto o ninguno. Propone un modelo de dos centros de innovación que tiene en cuenta las innovaciones presentadas por los líderes y los empleados. Es decir, la innovación puede provenir de arriba hacia abajo y de abajo hacia arriba.

Por su parte, Dickson (1976) se concentra en la fase de adopción (más que en la fase de propuesta). Su preocupación es por qué o cuándo las personas adoptan una propuesta innovadora que tiene una probabilidad variable de conseguir el resultado que tiene un valor esperado y que tiene un intervalo de variancia de dicho valor. Utilizando este enfoque de valores esperados, deriva un modelo simple y lo comprueba. Las recompensas y castigos son variables independientes que influyen sobre las elecciones de los que toman las decisiones y las expectativas dominan las elecciones.

Kimberly y Vanisko (1981) estudiaron los efectos de las personas, las organizaciones y las variables contextuales sobre las innovaciones y la gestión. Sus hallazgos son que existen 3 grupos de variables que afectan a las innovaciones y a la gestión, pero que todas las variables de la organización tienen una influencia mucho mayor sobre las innovaciones que sobre la gestión. Moch (1976) también ha estudiado cómo los factores de la organización, específicamente los atributos estructurales, afectan a la adopción de innovaciones.

El auto diseño o diseño en la organización de una flexibilidad que facilite un rediseño continuo es otro enfoque al cambio en las organizaciones. Las estructuras transitorias, la ideología de cambio y la capacidad para rediseñar la estructura repetida y regularmente, son características de las organizaciones con auto diseño. Hay dos trabajos que presentan este enfoque.

Hedberg, Nystro y Starbuck (1976) afirman que el entorno de las organizaciones no es estático, plácido y benigno, sino que es cambiante, presenta turbulencias y se vuelve caótico. Diseñar organizaciones que puedan adaptarse a esos entornos precisa un pensamiento y medidas heterodoxas. Revisaremos dos de las recetas de las muchas que se proponen. Primero sugieren que el diseño de las organizaciones debe parecerse más a erigir tiendas de campaña que palacios. Una tienda organizacional da más énfasis a la flexibilidad, creatividad, inmediatez e iniciativa que a la autoridad, claridad, decisión o respuesta.

Segundo, prescribe que la adaptación por medio del auto diseño implica que se debe olvidar el ayer. El primer paso hacia un nuevo comportamiento es desprenderse de los comportamientos antiguos. La eficacia de los programas y estrategias tradicionales existentes no se confirma y se rompe el proceso de unir a la organización con las pautas de comportamiento actual. Al levantar la tienda y olvidar el ayer, la organización conseguirá un estado de auto diseño constante que le permitirá sobrevivir en épocas turbulentas.

Weick (1977) tiene un enfoque similar para el auto diseño. Considera que las huelgas del personal son un ejemplo de problema de auto diseño y la necesidad de poder alterar diseños a medida que la organización evoluciona.

INTRODUCCIÓN AL CAMBIO ACTUAL

En los dos primeros apartados de este libro se trata acerca del ambiente del futuro y los tipos de organizaciones que probablemente se adaptarán a las nuevas condiciones. Se arranca de la convicción que incluye desde luego a las próximas décadas- de que el futuro será distinto (en múltiples, vitales e impresionantes aspectos) de lo que hoy conocemos o de lo que se ha conocido en el pasado.

Los desafíos que el futuro plantea han atraído a muchos autores que, virtualmente, representan todo punto de vista de índole sustantivo. Las obras dedicadas a este tema han abarcado desde ciencia-ficción y caricaturas, hasta libros eruditos como Toward the Year 2000, Mankind two Thousand, The Year 2000, Toward the Year Two Thousand Eighteen, The Next Ninety Years, y Twenty-First Century: The Control of Life. La mayoría de esas obras son producto de investigaciones orientadas al futuro y de reuniones académicas realizadas por organizaciones como el Hudson Institute, la Commission on the Year 2000 of the American Academy of Arts and Sciences, el American Institute of Planners, la World Future Society, y Les Futuribles, de París.

Sin excepción alguna, las obras y seminarios de los futuristas expresan el concepto de que rápidamente está adquiriendo forma un "futuro diferente" y que, como tal, presenta muchas posibilidades prometedoras e inquietantes, así como algunas amenazas aterradoras. Tales organizaciones, analistas y escritores encaminan sus esfuerzos a proyectar futuros que son probables y a usar tales predicciones para adelantar qué elementos importantes de las sociedades que están por presentarse.

No hay duda de que el futuro plantea muchos y graves retos en campos tales como la ciencia, la tecnología y la industria espaciales, la fuerza termonuclear, la urbanización, el transporte, la ingeniería biomédica, la ecología, el consumo de energía, los sistemas educativos, etc. Es razonable suponer que todos ellos ejercerán un gran efecto sobre la calidad de la vida humana en el futuro.

La forma y el estado organizacionales que surjan de los modelos actuales y de las estrategias potenciales son un fenómeno relacionado con las condiciones futuras y que las afectará considerablemente. Quizá sea imposible predecir las condiciones exactas que el entorno futuro ofrezca a las organizaciones, pero sí se sabe que la sociedad futura dependerá de las organizaciones, tanto como hoy día y que las alternativas de forma y funcionamiento organizacionales estarán muy relacionadas con la naturaleza del futuro y su nivel de creación y logro.

Cada vez se está más consciente de que lo que ocurra en el funcionamiento de nuestras organizaciones tiene mucho que ver con el logro de metas societales y con la solución de nuestros problemas. También se sabe que el modo en que están establecidas y administradas las organizaciones se relaciona íntimamente con el crecimiento y desarrollo de los individuos en sociedad.

A continuación, listamos otros aportes sobre el cambio en orden cronológico.

1. Dalton (1969, p. 231), lo define como cualquier alteración significativa de las pautas de conducta de una gran cantidad de los individuos que constituyen esa organización.

2. El Cambio Organizacional surge junto al esfuerzo de la compañía de incrementar su efectividad. Huse and Cummings, (1985, p. 4) lo definen como el ¨cambio en el carácter de la organización que significativamente altera su desempeño¨.

3. (Pierce y Delbecq, 1977, p. 27). El Cambio en una organización se puede considerar como "la adopción de una nueva idea o un nuevo comportamiento en una organización.

4. (Van de Ven y Poole, 1995, p. 512). Otra propuesta define el cambio como la observación de la diferencia en una o más dimensiones de una entidad con el pasar del tiempo.

5. De Faria Mello (1995, p. 47), lo define como la modificación de un estado, condición o situación. Así, el cambio es una transformación de características, una alteración de dimensiones o aspectos más o menos significativos.

6. French y Bell (1996, p. 2) nos dicen que "cambio" significa que el nuevo estado de las cosas es diferente al antiguo estado de las cosas.

7. (Burnes, 1996). Considera que el cambio organizacional se refiere al entendimiento de las alteraciones al interior de las organizaciones en el nivel más amplio entre individuos, grupos, y en el nivel colectivo a lo largo de toda la organización.

8. Según Stephen y Coulter (2000, p. 312), el cambio es una modificación en las personas, estructura o tecnología.

9. El cambio también es estudiado dentro de la rama de estudios del Desarrollo Organizacional, la cual está definida por Dean Anderson y Linda Ackerman Anderson (2002, p. 20) como un proceso colaborativo que abarca todo el sistema y se basa en valores, de aplicar el conocimiento de la ciencia del comportamiento al desarrollo, el mejoramiento y refuerzo de rasgos organizacionales tales como estrategias, estructuras, procesos, personas y culturas que llevan a la efectividad organizacional.

10. (Arrazate, R., 2003, p. 6). El cambio organizacional es un estado medular en la vida de las organizaciones, permite generar nuevas formas de trabajo, inserta eficaz y eficientemente a la organización con el entorno y en su búsqueda y obtención juegan un papel importante elementos internos y externos como el Estado, estrategia, estructura, valores, y paradigmas gerenciales.

11. Entendiendo el cambio como una modificación ocurrida en el entorno del trabajo, representa un aspecto importante en la innovación de las organizaciones y en su capacidad de adaptación para responder a las diferentes transformaciones del medio ambiente interno y externo (Malott, 2001; Armenakis y Bedeian, 1999, citados por García, Gómez y Londoño, 2008, p. 144).

12. El cambio social se entiende como una transformación observable en el tiempo que afecta, de una manera no efímera ni provisional, a la estructura o al funcionamiento de la organización de una colectividad dada y modifica el curso de su historia (Rocher, G., 1985 citado en Méndez. 2009)

LA LITERATURA EN EL TERCER MILENIO.

Hubieron de pasar más de 15 años desde que se hicieron esfuerzos serios de clasificar y sintetizar las diversas orientaciones sobre el cambio organizacional. Después de un intenso debate sobre el tema, éste fue olvidado o relegado ante el surgimiento de dos orientaciones relevantes que captaron el interés de los analistas: el caos y la globalización.

En la obra pionera de Pascale, Milleman y Gioja (Crown Business, 2000) se envía el mensaje de las nuevas habilidades que deberán tener los administradores para enfrentar el caos, la organización orientada al desarrollo de talentos y el reto de la nueva economía (digital). Para ellos las respuestas descansan en la complejidad de la ciencia, que provee introspecciones relevantes dentro de los sistemas de trabajo vivientes. Navegar al borde del caos traslada la teoría a los problemas del mundo real. Ellos nos introducen a la idea de la organización como un organismo viviente, lo que dará origen a la visión de la autopoíesis. *Navegar al borde del caos* es un libro de análisis relevante para el inicio del nuevo milenio, al sintetizar los nuevos desarrollos de las ciencias de la vida, ciencias sociales y ciencia físicas y su aplicación el mundo organizacional y la función de los líderes para luchar y revitalizarse en un mundo postmoderno y turbulento, todo ello aplicado a las organizaciones del mundo real. Sin duda, abre una amplia puerta a nuevos horizontes dentro de la teoría y práctica del cambio organizacional. Caos e incertidumbre serán los pilares para realizar el cambio organizacional y deberán los gerentes y administradores adentrarse en el conocimiento de una nueva área: la teoría del caos.

En el otro sendero, el de la globalización y el cambio organizacional, son Drori, Meyer y Wang (Oxford University Press, 2006) quienes enfatizan como el mundo y las sociedades están experimentando una explosión de organizaciones, clubs, grupos religiosos, movimientos sociales, agencias de gobierno y de negocios quienes toman la forma de organizaciones complejas y organizaciones formales. Aparece la sociedad global y sus organizaciones no sólo como una respuesta a la globalización sino como una causa que la alimenta. Ellos analizan las tendencias de expansión, formalización y estandarización de las organizaciones globales y su legado de responsabilidad social, rendición de cuentas y de eficacia organizacional. Su argumento principal al agrupar el conocimiento en esta tendencia es el universalismo, la racionalización y el ascenso de la noción moderna de la organización y su contribución a la comunidad como actor social. La aplicación del argumento institucional a los asuntos globales implica la vinculación forzosa de la teoría organizacional con disciplinas como la sociología, la ciencia política y la geografía.

Caos e incertidumbre, autopoíesis, institucionalismo y globalización deben tomarse en cuenta en el momento de decidir la arquitectura organizacional. Vinculada a las anteriores tendencias, surge una nueva propuesta de diseño organizacional; con Burton, DeSanctis y Obel (2006, Cambridge Press), que deben tomarse en cuenta los objetivos, estrategias, estructura, procesos, personas, mecanismos de coordinación, control e incentivos inmersos en nuevas dimensiones generadas por la globalización, la competencia, la desregulación y las nuevas tecnologías. La propuesta se enfoca más en acciones que en teoría y a un diagnóstico del entorno para determinar el tipo de arquitectura organizacional que sea eficaz en ese entorno globalizado.

Por su parte, Scott y Davis (2007, Pearson Prentice Hall) desarrollaron una nueva perspectiva basada en los sistemas abiertos, racionales y naturales. Tomando a) el mundo y la globalización como un sistema abierto, b) la organización como un sistema cerrado y c) la organización de los trabajadores como un sistema natural, combina el conocimiento de todos ellos para enfocarse en la coordinación e interacción de los tres sistemas que tienen características diferentes cada uno de ellos y que en la intersección e interacción generan nuevas condiciones de cambio organizacional que deberán tomarse en cuenta pata lograr la eficacia organizacional.

Otra naciente orientación a finales del milenio anterior pero que tuvo un fuerte impulso en este tercer milenio fue la propuesta de Moore (1996, Harper Business) en el sentido de que en la organización compuesta y diseñada como un ecosistema organizacional, el liderazgo y la estrategia de dirección deberá cambiar para adecuarse a las nuevas circunstancias. Para él las teorías clásicas de liderazgo deberán modificarse para mostrar las nuevas circunstancias.

La penúltima, desde nuestro punto de vista, de las grandes orientaciones en las cuales se puede agrupar la literatura es la de la organización del conocimiento (o que aprende) propuesta originalmente por Espejo, Schuhmann, Schwaninger y Bilello (2001, Wiley). En esta corriente se desarrolla una vasta literatura, principalmente tomando en consideración los programas de formación de las empresas japonesas.

Martijn Rademakers; Robert Kegan y Lisa Laskow Lahey; Michael J. Marquardt; Peter Kline y Bernard Saunders; John Renesch y Sarita Chawla; Holly Burkett; Phillip C. Schlechty y Margaret J. Wheatley entre otros, han generado, en esta década, una amplia difusión de esta tendencia.

Mas recientemente, a partir del 2015 hasta nuestros días, las investigaciones, modelos y esquemas de cambio organizacional se vieron influenciadas por dos factores que fueron incrementándose en intensidad: la globalización con sus ambientes turbulentos, caóticos y complejos y los requerimientos sociales acerca de la responsabilidad social de las empresas. Lo anterior introdujo la sustentabilidad del cambio organizacional en los dos sentidos, el de ética empresarial y el de perdurar en el tiempo. Ejemplo de ello son, entre otros, *Organizational Change for Corporate Sustainability,* de Suzanne Benn, Melissa Edwards, Tim Williams (Routledge: 2018) donde establecen que la sustentabilidad se ha incrementado y ha sido aceptada como una práctica estándar en las organizaciones líderes, mientras que la ciencia ha revelado como la actividad humana ha llegado a ser la fuerza dominante que influencia los cambios irreversibles en los sistemas organizacionales.

En sus argumentos encontramos como las organizaciones pueden realizar la transición hacia una forma más responsable de conducir las organizaciones de tal manera, que, apliquen una nueva forma de pensamiento, modelos organizacionales con el propósito de establecer las bases de una transición sustentable para la sociedad.

Estos autores revisan el modelo de sustentabilidad para incorporar los acercamientos emergentes de la administración de las cadenas de aprovisionamiento, la sustentabilidad estratégica y los nuevos modelos de innovación para enfrentar y crear los cambios exógenos y endógenos.

En otra orientación interesante y sugerente, en *True Storytelling: Seven Principles For An Ethical and Sustainable Change-*

Management Strategy de Jens Larsen, David M. Boje y Lena Bruun (Routledge: 2020) se establece un método con siete principios y un esquema conceptual para apoyar a los gerentes e investigadores a lidiar con el cambio. Es una postura no sólo para enfrentar el cambio climático, sino también como navegar a través de las crisis, como disminuir el estrés organizacional y lograr una mejor vida organizacional. Los siete principios no son muy novedosos, ya que los encontramos en las propuestas de los investigadores de la década de los noventa:

1. Prepararse y canalizar el esfuerzo hacia el futuro sustentable.
2. Respetar lo aprendido en tiempos pasados (las historias).
3. Crear historia con un propósito definido y claro.
4. Priorizar el timing para el cambio.
5. Crear historias para estar abiertos a experimentar.
6. Crear escenarios, incluyendo escenografía y artefactos para lograr el cambio.
7. Crear historias acerca de la creación del valor en la organización.

Este libro es una guía para crear una cultura del cambio.

Con una nueva orientación de la tendencia de la excelencia de Tom Peters en los noventas, en *[Re]Create the Organization You Really Want!: Leadership and Organization Design for Sustainable Excellence,* de John R. Latham (Organization Design Studio Ltd., 2016), retoma el tema de la excelencia, si el de Peters fue considerado el «mejor libro de negocios de todos los tiempos» (Bloomsbury), con su descripción de ocho principios básicos de la gerencia, para estimular a la acción, orientado a la gente, prácticas que maximizan los beneficios, que hicieron de estas compañías organizaciones exitosas. Latham, por su parte, define una hoja de ruta para utilizar el liderazgo en la creación de empresas de excelencia.

Utilicé el concepto de la Organización del Futuro desde mis primeros libros en los ochenta, me sorprendió que *The Organisation of Tomorrow*, de Mark Van Rijmenam (Routledge: 2019), presentara ese concepto con un nuevo modelo de la manera de hacer negocios utilizando el análisis de datos (data mining) y la inteligencia artificial para forzarnos a repensar los modelos organizacionales existentes, para enfocarnos a la interacción hombre – máquina.

Con los nuevos modos emergentes de organización, la tecnología facilita la colaboración y la interacción entre los subsistemas organizacionales

El ambiente del mañana

Entre los rasgos más obvios del ambiente de la mayoría de los países, en el año 2020, está el aumento de la población y el carácter sumamente urbanizado de muchas sociedades. Desde luego, el crecimiento de la población y la rápida urbanización crearán y revelarán la existencia de muchos problemas complejos; y éstos afectarán todo aspecto de la vida, según vaya terminando el tercer milenio.

El crecimiento económico será otro factor importante de muchas sociedades futuras. En los Estados Unidos, más de la mitad de la fuerza de trabajo está empleada en labores orientadas al servicio antes que a la producción; y muchos especialistas predicen que la proporción entre profesionistas sumamente adiestrados y obreros de la producción continuará aumentando rápidamente, en favor de los primeros.

Al parecer esta tendencia hacia una sociedad más orientada a los servicios, más afluente, con mayor escolaridad y llena de conocimientos, continuará intensificándose a una tasa acelerada. Los futuristas afirman que para el año 2025 los efectos combinados de la industrialización, los descubrimientos científicos y el cambio tecnológico podrían producir en el mundo una sociedad industrial completamente nueva; de hecho, Norteamérica está experimentando ya una nueva revolución industrial, la cuarta, y con la llegada a la Presidencia de Donald Trump, el cambio se espera sea más radical. El periodo industrial ha sido descrito por varios autores como la sociedad: posindustrial, posmoderna, supraindustrial y sabia. Daniel Bell ha dado las cinco dimensiones que describen a la sociedad posindustrial: a) se crea una economía de servicio; b) predomina la clase profesionista y técnica; c) los conocimientos teóricos tienen preeminencia como fuente de innovación y de formulación de políticas; d) se cuenta con la posibilidad de un crecimiento tecnológico autosustentado; y e) se crea una nueva "tecnología intelectual".

Es probable que la nueva sociedad posindustrial signifique en el futuro un desarrollo mucho mayor de los recursos humanos y de la profesionalización, pues no se ve de qué otra manera pueda funcionar. Las necesidades de una economía compleja y dinámica exigirán mayores conocimientos y una mayor movilidad de trabajo; después de todo, el progreso científico y tecnológico afecta al nivel de escolaridad que se pide a la fuerza de trabajo; y como ciencia y tecnología, junto con otros campos de conocimiento, están cambiando a una tasa cada vez más rápida, es de suponerse que educación y entrenamiento terminarán por constituir, necesariamente, un elemento continuo en la vida de casi todas las personas. Gran parte de los administradores, médicos, ingenieros y otros profesionales necesitan ya un entrenamiento adicional, cuando no más educación formal, para "agregar conocimientos" y "ponerse al día". Warren Bennis y Philip Slater opinan que ya se ha iniciado la era en que los conocimientos y el enfoque intelectual de un hombre resultan anticuados, incluso antes de que haya terminado los estudios universitarios.

La orientación futurista: su importancia para las organizaciones del mañana

Los medios cambiantes siempre han estimulado transformaciones en las organizaciones particulares y públicas, pero las respuestas para modelar su política (que muchas de esas organizaciones ofrecen) resultan a menudo demasiado reactivas y fragmentarias. Cada vez queda más claro que el proceso de transición de la era industrial a la posindustrial está engendrando una disfunción organizacional, una inquietud societal, la alienación personal, el descontento con la burocracia y muchas otras reacciones organizacionales y personales. No pocos de esos males parecen resultado del método incremental de lograr el cambio, método que gran parte de nuestras organizaciones ponen en práctica, así como los sistemas políticos.

Dadas nuestras desafortunadas experiencias en este sentido, quizá resulte conveniente que las grandes organizaciones creen administradores más orientados hacia el futuro, en comparación con los de tipo tradicional y conservador, característicos de las organizaciones del pasado. Según lo expresó Jouvenel, quienes elaboran políticas o administran han de anticipar las condiciones cambiantes del futuro e introducir en la organización cambios que ayuden a evitar problemas inesperados. Otros autores piden que se desarrolle la capacidad proactiva, al grado de que la Organización cree su propio futuro de un modo más directo y vigoroso.

En los próximos años debemos poner de relieve la orientación proactiva. Un material en especial pertinente a la teoría y administración de la organización es el de Bertrand de Jouvenel, destacado futurista, quien afirma: el "futurista" expresa y evalúa "un interés por el progreso que, en sí, no sólo incluye el término de "más", sino el de "mejor". A su vez, mejorar la calidad de la vida humana obliga a comprender mejor los recursos humanos, entendimiento que deberá quedar reflejado en la creación de metas más adecuadas para las nuevas organizaciones.

Ese "futuro diferente" depende de las elecciones sobre las políticas que hoy se hagan. Dicho con mayor precisión, especular sobre los acontecimientos futuros incluye anticipar problemas futuros e iniciar planes y programas efectivos y a largo plazo. En contraste con estos puntos de vista, se pueden anticipar posibles diferencias de procedimiento entre una sociedad industrial y otra, posindustrial; que es de esperarse que los cambios ocurridos en una era posindustrial fomenten una orientación proactiva, en vez de un carácter reactivo y reformista, y que no sólo podrían éstos provocar una fusión de conocimientos y acciones en la formulación de políticas, sino también un análisis dialéctico, efectivo sobre las experiencias de cambio pasadas y presentes, directamente relacionadas con el planeamiento del futuro.

Una idea común a estos tres puntos de vista es la importancia de la investigación sobre las políticas dentro de un contexto de fenómenos, acción y, cambios sociales. Las organizaciones deben anticipar problemas en una etapa inicial, mediante investigaciones relativas a las políticas públicas. Elaborar con efectividad una política, requiere de proyecciones basadas en información confiable: cómo desarrollar seres humanos capaces de innovación y cambio, cómo fomentar el uso de nuevos conocimientos, cómo captar las fuerzas tecnológicas y conocer sus consecuencias sobre el cambio y cómo relacionar metas de hoy con metas del futuro; son éstos algunos de los desafíos a que se enfrentan las organizaciones de hoy. Queda claro, pues, que una orientación administrativa futurista o hacia el mañana, por parte de las organizaciones de hoy, se relaciona directamente con un futuro distinto y mejor.

Modelando hoy las organizaciones del mañana

En un apartado se presentan varias posibilidades de diseñar las organizaciones para que puedan enfrentar los desafíos del mañana. Desde luego que, en cierto sentido, el año 2020 ya está con nosotros y Peter Drucker lo ha expresado muy bien al decir con respecto al 2000:

"Lo que hoy y en los próximos años hagamos en nuestros negocios y en nuestras escuelas determinará, en gran medida, cómo será la calidad crucial del "año 2000": capacidad de visión, respeto de sí mismos y pericia de ejecución por parte de los líderes del mañana ... La visión del mañana está en las tareas que se asignen hoy".

Queda claro que las organizaciones de hoy deberán comenzar a diseñar y modelar entidades nuevas para el hombre nuevo, al que se dará empleo en las Organizaciones del Futuro y que será el elemento humano del ambiente del futuro. Varios propósitos quedan implícitos en ese cambio y remodelamiento de las organizaciones actuales; tres de ellos, esenciales, son: reducir al mínimo los riesgos en el resultado de las decisiones que se tomen, prevenir lo antes posible problemas futuros y saber enfrentar aquellos desafíos inesperados. Después de todo, los conocimientos crecientes y el rápido cambio tecnológico han planteado muchos problemas sin precedente a negocios y organizaciones públicas; he aquí algunos de éstos: cómo hallar nuevos modos de emplear y administrar a los profesionistas, cómo idear cambios estructurales para manejar la innovación y el cambio organizacional, cómo emplear nuevas técnicas para administrar la información (en especial los sistemas de computación y comunicación) y cómo lograr un nivel adecuado de descentralización y eficacia en el sistema.

Es significativo que esas cuestiones circunscriban muchos de los cambios principales que han ido ocurriendo en la administración en los últimos cincuenta años; sin embargo, a pesar de su importancia, la solución de esos problemas apenas representa un paso inicial en cuanto a satisfacer las necesidades de las organizaciones de hoy y del mañana.

Lo único que puede decirse con cierta certeza respecto al futuro, es que lo complejo de la sociedad contemporánea se irá volviendo más obvio, urgente y disfuncional. Hoy día muchas "pajas al viento" hacen pensar que la sociedad enfrentará, en el futuro, problemas bastamente diferentes y quizá más intensos, de los que ha encontrado hasta el momento. Se espera que el resultado sea un aumento de turbulencias, paradojas y ambigüedades. Una vez más, podría ser razón básica de tal desarrollo el crecimiento explosivo de los conocimientos y la tecnología.

Fuera de una devastación de origen ecológico o nuclear, nada de lo que hoy se está midiendo sugiere otra cosa que la probabilidad de que las organizaciones (adopten la forma que adopten), serán incluso más complejas en el aún más complejo ambiente del futuro.

Otra tendencia cierta es que en el futuro las grandes organizaciones, tanto públicas como privadas, ejecutarán muchas funciones de mayor importancia social, pues es algo que ya está sucediendo; a pesar de los grandes obstáculos vigentes, las grandes organizaciones se ven hoy día cada vez más envueltas en muchas actividades socialmente significativas. En parte, sirve de base a este libro la premisa de que necesita hacerse mucho más en ese sentido de responsabilidad empresarial. Algunas organizaciones han comenzado a funcionar ya de un modo socialmente responsable; de hecho, demasiado a menudo las organizaciones han destruido asuntos tales como la individualidad, el sentido de comunidad, el interés público, el crecimiento, el desarrollo, el cambio, etc.; han producido, también, gran parte de la despersonalización, alienación, falta de normas y carencia de poder que caracteriza a nuestro tiempo.

El que las organizaciones, y en especial muchas de las grandes corporaciones industriales, rechacen toda responsabilidad en los costos sociales ha contribuido inmensamente a destruir nuestro ambiente y algunos de los recursos físicos y humanos de esas organizaciones. Estas cuestiones son de vital importancia para la sociedad, pues ninguna llegará a una verdadera grandeza mientras mantenga dentro de su sistema fuertes tendencias destructivas.

Es un aspecto de importancia histórica el hecho de que las organizaciones modernas estén conscientes de cuán serias son dichas cuestiones y estén hallando caminos para combatir toda política de autoderrota que rebaje la dignidad humana que estén creando técnicas administrativas de desarrollo de las personas, que son funcionales para las necesidades y para las metas organizacionales. Es de suponer que en el futuro se refinarán y ampliarán esas técnicas, que este libro describe.

Otros rasgos de las organizaciones de hoy, que parecen prometer mucho, son la creciente interdependencia entre muchos de estos factores del entorno, la sutil mezcla de líneas entre lo público y lo privado y una creciente diversidad en cada uno de esos dos sectores. Donde más se nota esto, por ejemplo, es en los contratos que dan los gobiernos federales para investigaciones particulares, aunque también se advierte en las organizaciones lucrativas, en el sentido de que propietarios y administradores se preocupan cada vez más de dar capacitación y entrenamiento a los empleados.

El creciente intercambio de profesionistas es otra característica de la interdependencia de las organizaciones; por ejemplo, en la administración pública se ha confiado más en la empresa privada como fuente de nuevas ideas para el cambio. El problema que respecto a sobrevivir tienen las organizaciones lucrativas, junto con su motivación de obtener ganancias y producir, ha llevado a más cambios, innovaciones y aceptaciones de riesgos que en las organizaciones públicas.

Sin embargo, Kahn y Wiener han predicho que en la sociedad posindustrial las empresas ya no serán la fuente central de innovación y cambio. Las organizaciones públicas deberán ocupar un papel más dinámico en el desarrollo societal y responsabilizarse de la participación social y de crear procedimientos de administración interna que sirvan para atacar a algunos de los problemas humanos de nuestra época. Quizá en muchas organizaciones, tanto públicas como privadas, tales procedimientos internos resulten más importantes para la sociedad que los programas esenciales que sirvieron para establecerla.

Las nuevas organizaciones en perspectiva

En el futuro, las organizaciones estarán compuestas por individuos, como sucede ahora con los milennials, con necesidades y valores diferentes que, para lograr metas múltiples, y coordinarán sus esfuerzos de un modo efectivo. La gente que compone la organización compartirá los objetivos de esta última de un modo más amplio que hoy día y es factible pensar en una especie de "organización auténtica" que caracterice la responsabilidad que tenga de su propia existencia en relación con la existencia humana, en una consideración dialéctica del hombre y la organización.

Una organización auténtica fomenta en el individuo un aprovechamiento total de su potencial y de sus objetivos vitales realistas. En relación con el dogma administrativo y con la sociedad, esa organización representa una protesta contra ciertas tendencias inherentes a la tecnología y el superracionalismo modernos. Por ello, una organización auténtica hace hincapié en restaurar valores humanos correspondientemente auténticos dentro de los límites marcados por los procedimientos organizacionales. Por otra parte, el término inauténtico indica una organización que no sólo fracasó en proporcionar a sus miembros y clientes un servicio adecuado, sino que, además, no aceptó responsabilidad alguna respecto a la sociedad; es decir, sólo promueve objetivos racional-organizacionales; es el tipo de organización reflejada en la "Teoría X" de Douglas McGregor.

De este modo, la organización del mañana (presumiblemente "auténtica" en nuestro sentido del término) será esencialmente una "organización humana", pero que retendrá, al mismo tiempo, un modo de existencia racional. Por una parte, tal organización supone la necesidad de ser humanista; por otra, debe tener en cuenta y explicar la racionalidad de las metas organizacionales. Las metas y políticas de las nuevas organizaciones estarán relacionadas con la conciencia de quienes elaboran la política y de los miembros organizacionales; así, el modo que se tenga de interpretar la realidad surgirá de los fenómenos empíricos organizacionales y sociales.

Caracterizan en general a la organización moderna la consecución de objetivos y una conducta que oriente a éstos, agregándose a ello que gran parte de los individuos tienden a actuar con un propósito, estando su conducta dirigida por metas e intenciones conscientes. Si en las reglas de la gerencia se prescriben todos los objetivos y las políticas, quizá no produzcan una actuación efectiva, debido al conflicto que surge con las metas y necesidades del individuo y del grupo.

Cuando los individuos se dedican a lograr los objetivos organizacionales, esperan ejercer influencia sobre el logro de estos, de modo que cuanto más "significación" tengan las metas organizacionales, más probabilidades habrá de que motiven y guíen las acciones de las personas y las hagan comprometerse con las actividades organizacionales. Este concepto sugiere de muchas maneras que las organizaciones públicas y privadas típicas deben ampliar sus metas, incluyendo más planes y programas de responsabilidad social.

Enfoques de las organizaciones del futuro

Es claro que el estudio del futuro debe permanecer en el campo de las probabilidades, ya que los acontecimientos futuros incluyen mil condicionantes de "si x luego y" y muchos "quizás". Los acontecimientos futuros se verán afectados por las hipótesis imaginativas que existan para guiar el pensamiento y el desarrollo; por las limitaciones de los conocimientos que se relacionen con cuestiones de políticas; por intervenciones humanas inesperadas y por desafíos especiales que son imposibles de prever. En otras palabras, ninguna condición o lineamiento bastan por sí solos para la tarea de predecir, dada la inevitable incertidumbre, respecto al curso de los acontecimientos y al relativo grado de incertidumbre que existe en los procesos de toma de decisiones.

Como es aventurado predecir acontecimientos o puntos de cambio histórico únicos, se bosquejarán algunas posibilidades generales que probablemente existirán en el mundo del mañana. Conviene este camino porque no se busca una modelo o decisión que guíe en situaciones particulares, sino un esquema general que ayude a delinear nuevas formas de enfrentar el futuro. No se trata aquí de clarividencia, puesto que es posible considerar los problemas futuros, desde muchas perspectivas.

En esta orientación se describirán posibles medios de examinar las Organizaciones del Futuro y se buscaran respuestas a las preguntas (que probablemente serán críticas) respecto a los fenómenos organizacionales. Aunque especular sobre las Organizaciones del Futuro es emocionante y atractivo y como nuestra orientación tiene en cuenta la posibilidad de mejorar la vida humana mediante nuevas formas de organización, están todavía por elaborarse enfoques totalmente sistemáticos de ese tema. A lo largo de la historia de la teoría de la organización se han definido de modo variado los propósitos de la organización. Weber, Taylor, Fayol, March y Simon, Drucker, Schein, Likert y otros escritores clásicos teorizaron acerca de las organizaciones, tomando como marco de referencia criterios de racionalidad esencialmente mecánicos, mientras que los científicos del comportamiento de hoy hacen hincapié en analizar las organizaciones humanas mediante la investigación conductual, psicológica y estructural. Dados los propósitos de este libro, se sugieren tres modos de estudiar las Organizaciones del Futuro, ninguno de ellos tan sistemático como se desearía, pero que, juntos, ofrecen una útil gama de perspectivas:

Histórico-descriptivo

Este método analiza la organización en su perspectiva histórica, siendo la posición fundamental, en este contexto, que cuantos más complejos los problemas sociales y organizacionales que deben resolverse, más necesitará la gerencia un sistema de coordinación y control que asegure la productividad y el logro de objetivos. El enfoque histórico asocia la virtud con el progreso de una sociedad industrial basada en poderosas estructuras y procesos industriales; de este modo, las investigaciones organizacionales buscan, en general, identificar las principales variables estructurales y de procedimientos que hacen tener buen éxito a la organización. Es normal que se incluyan temas tales como la jerarquía, la división del trabajo, la centralización de la autoridad, la especificación de reglas, la elaboración de mediciones, la especialización, los liderazgos, la arquitectura organizacional, etcétera.

Los teóricos que utilizan este método lo hacen intentando coordinar las acciones humanas mediante elementos estructurales controlados; es decir, el enfoque predice la organización del mañana en base a los conocimientos obtenidos en el pasado.

Utópico

Bajo este término se incluyen dos perspectivas que, aunque normalmente en oposición, pueden unirse en el enfoque utópico. Se trata de una oposición fuertemente normativa combinada con una perspectiva tecnológica. Los estudiosos que evalúan las organizaciones humanas mediante un marco de referencia conductual suelen identificarse con una predisposición normativa que se preocupa profundamente por los valores humanos latentes que existen en la organización. Esto ha llevado a crear una variedad de escenarios basada en dimensiones conductuales y psicológica que describen (y prescriben) a las Organizaciones del Futuro. En este contexto se define a la organización como un sistema cultural, de valores humanos y las organizaciones deben justificar su existencia en base a esos valores.

En el paradigma utópico existe la posibilidad de crear una nueva organización mediante la tecnología y de tener en cuenta, sin excepción, los valores humanos y las necesidades estructurales. Un sistema de computación proporcionaría un centro de procesamiento de información que coordinaría las actividades humanas en base al desarrollo humano, la administración de la información respecto a las políticas y los procedimientos organizacionales normales.

Es de esperarse que una creciente aplicación de esas posibilidades tecnológicas a los procesos organizacionales, fomente un mayor interés por cambiar la conducta humana, las estructuras y los procesos organizacionales; en pocas palabras, este método crearía las organizaciones "perfectas" del futuro, conjuntando una posición humanista normativa y las complejas variables motivacionales y conductuales de las organizaciones modernas y las varias dimensiones de los subsistemas organizacionales con las capacidades extraordinarias de las tecnologías de información en desarrollo.

Multidimensional

Este enfoque parte de la evolución histórica de las organizaciones; pero incluye la posibilidad, e inclusive la probabilidad, de suprimir en el futuro muchas variables estructurales contemporáneas; además ofrece múltiples contingencias entre las variables estructurales y conductuales, pues se aceptan los fenómenos sociales y organizacionales como una red compleja e interrelacionada de múltiples realidades que escapan a estereotipos, control o proyecciones a largo plazo.

Este marco de referencia representa el desarrollo organizacional y la solución de problemas, integrando en un "sistema sociotécnico" las necesidades organizacionales e individuales; aprovecha también las fuerzas ambientales para lograr el cambio organizacional. En tal contexto las Organizaciones del Futuro surgen, en parte, como proyecciones lógicas de las características históricas; en parte, como reflejo de una posibilidad normativa y, también, como manifestaciones proactivas de la adaptación de las realidades ambientales, el sistema organizacional y las necesidades de los miembros dentro de la organización.

Formas organizacionales para el mañana

Los enfoques de lo que quiere significarse con "Organizaciones del Futuro" permiten penetrar en el proceso de construir una nueva realidad organizacional y social para las organizaciones del futuro; en gran parte, no sólo afirman que las organizaciones deben democratizar varios procesos, de modo que más miembros "participen en la toma de decisiones", sino también que las organizaciones cada vez deben tener más conciencia de sus responsabilidades hacia los individuos, la comunidad y hacia el ambiente.

Existirá el diseño de nuevas formas organizacionales, en muchos aspectos, pues los recientes progresos en lo que toca a las formas organizacionales futuras o al diseño de nuevas organizaciones han resultado divergentes y difíciles de integrar en un marco conceptual que tenga significado; sin embargo, aunque de forma un tanto simplificada, se pueden discernir tres tipos principales de "organizaciones futuras", modelos que son proyecciones naturales de los tres enfoques presentados en la sección anterior.

Muchos especialistas han recalcado la existencia continua, a lo largo de la historia humana, de un modelo de organización burocrático o jerárquico; otros afirman que la forma burocrática caracterizará al futuro tal y como caracterizó al pasado, por la simple fuerza de su lógica persistente y, a menudo, irrefutable.

La estructura organizacional de las grandes organizaciones contemporáneas, tanto públicas como privadas, tiende a reflejar el complejo tipo de estructura piramidal, que tanto insiste en la autoridad y los procedimientos formales y en la medición del trabajo, el control y los archivos, etc. Hay probabilidades de que la forma burocrática continúe si los ejecutivos centrales no adoptan algunos cambios radicales que hoy día sólo se ven en algunos lugares.

De hecho, se cree que las organizaciones del futuro próximo seguirán manifestando en cierto grado características burocráticas, incluso aunque se modifiquen sustancialmente sus formas y procesos, adaptándolos a la nueva teoría. Es muy probable que el modelo persista durante las siguientes décadas, incluso aunque ha estado sujeto a muchas tensiones y ajustes. Los rasgos del modelo burocrático son:

a)   Ordenamiento piramidal de la jerarquía.
b)   División formal del trabajo, basada en la especialización de tareas.

c)   Autoridad, cadena de mando y comunicación claramente definidas.
d)   Un sistema de méritos basado en la competencia técnica.
e)   Reglas y reglamentos prescritos.
f)   Predictibilidad.
g)   El poder de tomar decisiones se centra en la cima.

Una suposición fundamental que sirve de base a este "modelo mecánico" es que la burocracia llegará a un nivel más elevado de eficacia y a una mayor productividad, mientras existan la jerarquía piramidal y sus valores asociados y se permita a éstos controlar el sistema.   La Teoría "X" de McGregor, describe los supuestos sobre la naturaleza y la conducta humanas que acompañan al modelo burocrático tradicional. La evolución burocrática es paralela a la revolución industrial y ha contribuido al éxito de ésta.   Debido a las victorias que tuvo en el pasado y a sus cualidades racionales, la burocracia, como modelo organizacional, continúa atrayendo a gran parte de las personas que en el gobierno y la industria se dedican a administrar; se continúa usándola ampliamente, habiendo sufrido pocos cambios en sus varias formas fundamentales.

Se puede afirmar que el modelo jerárquico sigue funcionando con utilidad y efectividad en aquellas organizaciones con necesidades de un elevado nivel de ejecución en la tarea y de productividad precisa.

En los años recientes muchos especialistas de orientación humanista han criticado al modelo burocrático; la mayoría de tales teóricos defiende un modelo alternativo que aquí hemos llamado no jerárquico o adhocratico (o modelo "más allá de la burocracia"). Demos algunos rasgos fundamentales de ese modelo no jerárquico:

a)   Un nuevo concepto del hombre, basado en los hallazgos hechos en las investigaciones de las ciencias del comportamiento.

b)   Un nuevo concepto de poder compartido, basado en la libertad y la razón.

c)   Eliminación de la jerarquía.

d)   Políticas organizacionales favorables a la efectividad individual.

e)   Que los miembros compartan ampliamente el sistema de información.

f) Formación de equipos de trabajo con tareas rotativas.

En las aportaciones de Bennis y de Forrester se va más a fondo en los factores enumerados antes. Mientras que Forrester propone eliminar la relación superior-subordinado, basada en el uso de sistemas tecnológicos, Bennis afirma que la burocracia desaparecerá de modo que las organizaciones sirvan a las cambiantes necesidades humanas; asegura éste, que la estructura social de las Organizaciones del Futuro seria adaptativa y cambiará con rapidez a los "sistemas temporales". La gerencia eupsiquiana de Maslow es otro ejemplo de modelo no jerárquico que acepta un sistema utópico flexible que desarrollará las necesidades intrínsecas del individuo, en especial la necesidad de autorrealización. Al recalcar una orientación muy centrada en los valores, esta teoría afirma que han de diseñarse las Organizaciones del Futuro para que se adecuen a la gente y no a las tareas.

Forrester dice que el progreso de la ciencia y la tecnología da nuevas oportunidades de diseñar una organización no jerárquica que aumente la flexibilidad estructural, la innovación y la libertad de acción individual. La nueva realidad después del caos y crisis provocado por la pandemia y la necesidad de utilizar el teletrabajo o el "work at home" son una prueba fehaciente de la gran utilidad de esta orientación.

Gran parte de las organizaciones vigentes tienen como base una estructura jerárquica rígida e incluyen los monopolios de información tan característicos de la burocracia, en la nueva organización, los individuos tendrán mucha mayor movilidad interna, mayor acceso a la información y un creciente sentimiento de estar compartiendo el poder.

Gran parte de los gerentes orientados a la burocracia tienen problemas con la teoría no jerárquica y no se convencen de que valga y sea eficaz, a pesar de las crecientes pruebas que apoyan tales pautas organizacionales: en especial, los administradores públicos que suelen tener un punto de vista poco claro sobre ella, pues se han familiarizado con conceptos tradicionales sobre administración y están conscientes (a veces, de un modo abierto) de la necesidad que sus sistemas tienen respecto a estabilización, por lo que consideran a la inestabilidad y la flexibilidad como amenazas para su poder y control y como catalizadores de riesgos políticos que prefieren evitar. La teoría administrativa burocrática les ofrece una conveniente guarida donde dedicarse a sus metas, pero con poca visibilidad (o vulnerabilidad) para su clientela o para sus observadores legislativos.

Organizaciones que han desechado la estructura burocrática para adoptar formas más flexibles son, entre otras, Amazon, Microsoft, Google, Apple, Dell, Virgin Airlines y muchas más.

Puede llamarse a la tercera forma modelo integrado (o también modelo mixto), que se adecua muy bien a la premisa de este libro. En la mayoría de los campos organizacionales o administrativos resulta el modelo más conveniente aquel que toma los rasgos principales de otros modelos, a menudo más amplios. El enfoque integrado incluye una bien definida oposición al modelo burocrático clásico, pero no le aplica una crítica tan extrema como el segundo modelo, pues más bien representa una selecta amalgama de necesidades jerárquicas con una fuerte dosis de humanismo.

Como las posturas de Argyris y de Morse y Lorsch indican, la forma organizacional tradicional tiende a resultar efectiva en la toma de decisiones rutinaria y en la actividad no innovadora; pero las organizaciones dedicadas a la investigación y al desarrollo parecen ganar en efectividad con las cualidades triádicas de procesos de toma de decisión menos formalizados, una valoración mayor de la innovación y capacidad de creación, y una autonomía personal sumamente aumentada para los miembros. El modelo integrado intenta satisfacer ambos tipos de necesidad y fomenta los siguientes rasgos significativos:

a)   Gerencia participativa.
b)   Estilos de liderazgos nuevos y no autoritarios.
c)   Aceptación de riesgos y confianza mutua.
d)   Responsabilidad por la capacidad técnica y la competencia interpersonal.
e)   Más poder y control otorgados a los niveles inferiores de la jerarquía.
f)   Capacidad de cambio adaptativa en relación con un ambiente turbulento.

La organización matricial, de que habla Chris Argyris, acentúa los anteriores elementos y si las Organizaciones del Futuro los llevan a su nivel máximo serán sistemas más efectivos para la solución de problemas, resultando más competentes para experimentar con las recompensas y para aprender de las nuevas experiencias. Scott recalca el papel de la institución y su responsabilidad social en promover el humanismo y el pluralismo; sus ideas sobre un gobierno organizacional ofrecen la garantía, organizacional también, de que habrá un proceso para atender a quejas y conflictos individuales y se incorpora el concepto de que el líder deberá fomentar la participación de los miembros cuando la organización elabore una política y tome decisiones. Fomentar la participación facilitará que las personas representen los intereses propios y los intereses de su unidad en el proceso de determinación de objetivos en las organizaciones futuras. Tal y como la exponen Morse y Lorsch, la Teoría "Y" de McGregor es otro esfuerzo por integrar metas individuales y organizacionales.

En *The Human Organization,* Rensis Likert también adopta un punto de vista integrado, haciendo hincapié en el poder compartido en las relaciones entre gerencia y empleados, una coordinación múltiple de los grupos en el proceso de solución de problemas y mayor influjo de los valores humanos en el logro de metas organizacionales. En vista de esas consideraciones distintas, creemos que el modelo integrado tiene mayores posibilidades de buen éxito en adaptar las organizaciones de hoy día a las necesidades del mañana, pues el modelo no sólo fomenta la búsqueda de caminos para integrar individuos y organizaciones, sino también una integración continua de las características sociopsicológicas de los miembros en los elementos más "racionales" del sistema; y que se elija a las primeras más por una evaluación imaginativa que de un modo mecánico y reglamentado.

Esta forma parece en especialmente útil para abandonar modelos más tradicionales, ya que no obliga a un rechazo completo de las formas y prácticas establecidas, siendo a la vez el mejor representante de lo que pueden ser las "Organizaciones del Futuro".

II.   Consecuencias de las formas de organización

Una vez descritos brevemente los tres modelos generales, viene al caso una explicación adicional sobre sus consecuencias, pues modelos diferentes producen diferentes resultados organizacionales. Como existen varios resultados y como éstos dependen del modelo que se elija, debe meditarse cuidadosamente qué valores se necesitan o anticipan.

En esta introducción no se verán las medidas de productividad, conflictos, satisfacción, innovación del cambio, y alienación, aunque representen importantes cualidades organizacionales sobre las que se han hecho muchos hallazgos durante las investigaciones. Simplemente nos interesa examinar las relaciones que hay entre la forma organizacional y los resultados consecuentes, tal y como se expone en la literatura respectiva y actualizada.

Como el modelo burocrático asume una elevada conformidad conductual en los individuos respecto a distintos papeles, objetivos y metas organizacionales, es fácil predecir que esta forma de organización genera elevadas necesidades de predictibilidad y estabilidad del sistema; a su vez, con este modelo se obtiene una mayor productividad en el corto plazo. La organización burocrática puede sobrevivir un corto periodo, en un ambiente turbulento; pero habrá cedido a la insatisfacción y el estancamiento personal de los trabajadores, para lograr esa eficiencia y productividad adicionales. Adicionalmente, se relega a segundo plano la capacidad de supervivencia, de innovación, la de cambiar y adaptarse, entre otras más.

Mientras subsiste la burocracia, sus miembros tienden a mostrarse alienados, frustrados y hostiles y a participar menos en las actividades organizacionales. Es probable que el modelo insufle en sus miembros una baja satisfacción respecto al desarrollo personal y la estima de sí mismo y que se tenga muy poca autorrealización, incluso en los niveles superiores. Por otra parte, las satisfacciones económicas puede que sean elevadas. En la organización burocrática se considera que el conflicto empeora la ejecución organizacional y no se le toma como una base adecuada de cambio organizacional como ocurre en los dos modelos alternativos. Los administradores principales tienen la responsabilidad de introducir y establecer cambios y deben aprobar cualquier plan o idea orientado al respecto, ya que casi no existe terreno para la innovación o la creación.

Por otra parte, el modelo no jerárquico acepta que la naturaleza humana es imprevisible y, por lo mismo, toda situación organizacional requiere que se analicen complejas conductas humanas. No es posible garantizar la productividad cuando en el proceso de formular metas no se tiene en cuenta el factor humano. Así, se hace hincapié en varios procesos humanos y no en la productividad y el logro de las metas fijadas. Se reconoce que tanto el conflicto como la conducta desviada son fuentes centrales de innovación y cambio.

En verdad que el conflicto es funcional y que en condiciones estables a veces conviene generar conflictos para crear en la organización nuevos tipos de cambio. Con el tiempo, la creciente satisfacción de varias necesidades y valores humanos hará que, finalmente, se eleve la productividad en las organizaciones humanas. Cuando se satisfacen tales necesidades, la alienación no es un problema.

El modelo integrado sugiere que la productividad y la satisfacción son resultado de una colaboración efectiva entre los miembros: tanto empleados como gerentes. En el proceso de integración la organización debe ofrecer a sus miembros metas atractivas. Según lo plantea este modelo, del conflicto y de la conducta desviada pueden resultar procesos funcionales o disfuncionales y en lugar de eliminar el conflicto, este modelo busca controlar la fuente de este y administrarlo. Es cierto que se puede estructurar una organización capaz de no admitir conflictos puesto que el sistema los resolvería o la organización los tamizaría; pero muchos afirmaran que esta situación extrema de "no conflictos" representaría también una condición de ausencia de cambio. Por fortuna, las organizaciones están compuestas de personas, mismas que, por ser humanas, interactúan, aspiran, tienen ideas y necesidades, compiten y, de muchos otros modos, generan conflictos. A su vez, el crecimiento y el cambio son productos finales del conflicto.

Hoy día, las organizaciones públicas y las grandes organizaciones privadas están estructuradas, en general, de tal modo que eliminan los mecanismos de cambio tan exaltados por los especialistas. Pondy afirma que se "ha empleado mucho más tiempo evitando conflictos que resolviéndolos". Y la afirmación de Pondy está bien planteada; porque, después de todo, las organizaciones públicas, en particular, están estructuradas de tal manera que las situaciones conflictivas las molestan.

Mientras que la turbulencia y el conflicto caracterizan al ambiente, la estructura que se usa para enfrentar una realidad abierta, carente de estructura e inestable, es en sí sumamente ordenada, jerárquica y está basada en premisas irreales. El modelo burocrático usado por los organismos públicos no sirve para enfrentar las distintas fuerzas ambientales que hoy existen; ese modelo se encuentra al margen del ambiente en el que debe vivir y cambiar la organización. En el modelo integrado, la innovación y la creación dependen, entre otras cosas, de que quienes elaboran las políticas y los miembros de la organización sean capaces de aceptar riesgos, que haya una elevada competencia interpersonal entre ejecutivos y miembros, así como flexibilidad estructural y autonomía.

Las organizaciones tienen la responsabilidad de reducir la alienación individual y de desarrollar una auténtica relación con sus miembros; al parecer, el modelo integrado es el único que ofrece esas cualidades de modo que pueda llevárseles a cabo y usárseles.

Resumen

Para enfrentar los desafíos del mañana y crear los cambios que necesitan las organizaciones modernas, en esta introducción se presentaron tres formas organizacionales. Cada uno de esos modelos organizacionales producirá diferentes consecuencias en el proceso organizacional. Aunque el modelo burocrático seguirá existiendo en ese "futuro diferente" creado por la pandemia, sus consecuencias parecen negativas y no es probable que logre sobrevivir en el largo plazo. En el campo de la administración pública muchos especialistas afirman que los encargados de formular políticas se dedican hoy día a buscar activamente metas societales incongruentes con lo que muy probablemente serán las tendencias básicas de la cultura en los próximos diez a treinta años; en razón de ello, existe cierta incoherencia entre las metas a corto y a largo plazo, debido a que constantemente crece la formulación de políticas en el sector público; no obstante, las organizaciones burocráticas tienden a ampliar y afianzar tal disparidad.

En vista de los problemas que se asocian con el modelo burocrático en comparación con las posibilidades que ofrecen los modelos no jerárquico e integrado, creemos muy probable que estos últimos reemplazarán al primero, lenta pero seguramente. La organización "auténtica" del mañana se relacionará de un modo más íntimo con el modelo no jerárquico o con el integrado con los cuales se lograrán mejorar las metas organizacionales cuando los individuos sientan que sus metas y necesidades personales han quedado reflejadas en sus papeles organizacionales y en el proceso administrativo. Opinamos que, en la teoría organizacional, la tendencia general está orientada hacia esos dos modelos, debido a su posición más humanista y futurista.

Una tarea que tienen las organizaciones de hoy es reestructurar el sistema, para adaptarlo a una variedad más amplia procesos que enfrenten el conflicto y las conductas desviadas, usando éstas como herramientas para resolver problemas y lograr cambios. Esa actividad representa hoy día una conveniente aceptación de riesgos y experimentación, que son prefacio a la creciente capacidad de cambio que el mañana necesita. La administración efectiva del cambio permite la transformación de la estrategia, los procesos, la tecnología y las personas para reorientar la organización al logro de sus objetivos, maximizar su desempeño y asegurar el mejoramiento continuo en un ambiente de negocios siempre cambiante.

Un proceso de cambio ocurre de forma muy eficiente si todos están comprometidos con él. En tanto, para que las personas se comprometan, ellas no pueden ser "atropelladas" por el proceso, como si fueran algo lejano del mismo, porque no lo son, el cambio ocurre a través de las personas, y para que se considere a las personas como parte del proceso de cambio es necesario conocer sus valores, sus creencias, sus comportamientos.

Las organizaciones y las personas que en ella están incluidas cambian continuamente. En las organizaciones, algunos cambios ocurren por las oportunidades que surgen, mientras que otros son proyectados.

2 LAS POSTURAS TEORICAS

I.   INTRODUCCION

En las próximas décadas será obvio un cambio profundo en la forma que las organizaciones interactúan con sus ambientes y se adaptan a sus demandas. Enfrentar demandas ambientales turbulentas y a menudo paradójicas será cada vez más el secreto de la supervivencia y el crecimiento organizacionales.

Emery y Trist (1965) clasificaron cuatro "tipos ideales" de ambiente, de acuerdo con el grado de "enlace con el sistema" que exista entre los componentes del mismo. Esos tipos siguen siendo válidos en el presente, ya que es el cambio en sí mismo el que ha impactado de manera impresionante a las recientes generaciones, sino como bien lo pronosticara Alvin Toffler(1972) desde hace ya casi cuatro décadas, es la aceleración en la velocidad del cambio lo que está provocando, aparte del "shock" personal, que nuestros entornos "glocales" se nos escurran de las manos; se vuelvan líquidos, por usar el metafórico término acuñado por Bauman (2008).

Se incorporan esos integrantes en relación con las interdependencias reales y potencialmente transaccionales del sistema (tanto insumo, como resultado). Los cuatro tipos ideales son: a) un ambiente plácido y al azar; b) uno plácido y agrupado; c) un ámbito perturbado-reactivo; d) un campo turbulento (atmósfera caótica).

Este cuarto tipo es nuevo y muy importante para comprender el ámbito de las organizaciones modernas (y del futuro); consiste en "propiedades dinámicas" que no sólo surgen de la interacción de los sistemas componentes identificables, sino del campo mismo (del terreno). La turbulencia proviene del carácter complejo y múltiple de las interrelaciones causales. No importa cuán grandes sean, las organizaciones individuales no pueden adaptarse con éxito, simplemente mediante sus "interacciones". Emery y Trist indican que la teoría administrativa tradicional no reconocía la textura cambiante del ambiente.

La adaptación de la organización a un ambiente turbulento tiene probabilidades de volverse el factor más importante de la efectividad de las organizaciones del mañana. En los ambientes sencillos, las soluciones y estrategias predeterminadas guían las acciones humanas y presentan pocos riesgos; pero en un ámbito complejo y turbulento el adoptar una acción determinada incluye un elevado grado de riesgo, porque los acontecimientos futuros siempre presentan posibilidades nuevas y a menudo no previstas para resolver problemas.

De este modo, la exploración continua del ambiente turbulento tendrá normalmente como efecto modificar de continuo las metas y las políticas organizacionales al implicar la necesidad de nuevos métodos o al requerir otras formas de hacer las cosas para enfrentar distintos desafíos; esto revela, a la vez, las promesas y los riesgos de la organización adaptativa; pero, visto desde el ángulo de la supervivencia las promesas superan de sobra los riesgos.

Por ello, cuando se recurre a bibliografía sobre cambio organizacional lo que encontramos con más frecuencia es la afirmación que las organizaciones no están alcanzando sus objetivos eficientemente, que las organizaciones se sienten "muertas" y que los grandes proyectos de gran complejidad tan solo ofrecen insignificantes resultados. El progreso, cuando ocurre, a veces es resultado de eventos no planeados o situaciones que no se habían considerado. El cambio mismo que se supone se está administrando nos ahoga, reduciendo cualquier sentido de dominio que podamos pensar que tenemos. Lo anterior ha disminuido nuestras expectativas al punto que lo mejor que esperamos es conservar el poder y la paciencia para enfrentar las fuerzas disruptoras que impredeciblemente afectan a la organización.

Estas interrogantes han crecido en la última década provocando un sentimiento de impotencia y de disminución de las capacidades de los administradores para enfrentar el cambio.

La conclusión a la que se llegó en los albores del tercer milenio es que el cambio es inevitable: a veces es el resultado de una acción planeada; otras, de una reacción; y otras más, de ninguna acción. En la segunda década del tercer milenio se les da la razón a quienes lo plantearon hace 20 años. El cambio puede mejorar las cosas o empeorarlas. No importa cómo se presente, ocurre casi en forma continua en virtualmente todas las organizaciones, a menos que ya se encuentren a punto de desaparecer. Creemos que una organización desea un cambio debido a factores de efectividad. Deberán tomarse las decisiones conscientemente tras revisarse todas las pruebas y deliberar sobre ellas cuidadosamente, y no después de caer en el desastre, tomar decisiones cuando existe incertidumbre es parte del administrar, realizar o no cambios es una decisión que exige administrar; el cambio puede ser administrado.

La cuestión radica en que administrar el cambio es una de las muchas habilidades integradas e indivisibles que todo administrador afortunado debe dominar junto con planear, organizar, buscar personal, dirigir, controlar, etc. Esto significa considerar al cambio como una parte íntima e integral de la tarea de administrar que el administrador tiene. Por ello, el cambio no es una actividad especial, para los días de fiesta, sino elemento esencial del proceso de administración normal. Por consiguiente, es fundamental que todo administrador esté familiarizado con todos los aspectos del proceso de cambio, incluyendo el decidir cuándo se necesita, qué es lo que se tiene que cambiar y cómo llevarlo a cabo.

"El cambio es la única constante" es la frase que los "gurús" de la teoría organizacional han estado repitiendo en los últimos veinte años. Las fuentes del cambio son variadas, se hayan muy extendidas y presentan facetas múltiples. Todas las organizaciones públicas y privadas, grandes y pequeñas se han visto afectadas de una manera o de otra y han tratado de responder con algunas acciones al cambio. Para algunas, el cambio resulta amenazador por la incertidumbre de lo nuevo, además de que amenaza "la forma como siempre hemos hecho"; para otras es una forma de evolucionar y lograr formas más eficientes de organización.

Durante esta década la rapidez de los ciclos de cambio no tiene precedente. El cambio es hoy más rápido, más errático, más elemental que nunca. La colisión de presiones sociales, políticas, económica, tecnológicas forman el vórtice de lo que se ha llamado la era de la información. En el ojo del huracán se encuentra la teoría organizacional que a veces reacciona, es afectada, o se anticipa a un cambio que se está volviendo caótico e impredecible en sus tendencias.

Así es como un viejo término que vio sus orígenes en los finales de los cincuenta, hoy, con un nuevo significado, "cambio organizacional", ha impactado rápidamente a lo largo de esta década tanto las estructuras y procesos como las conductas de los trabajadores de las empresas del mundo. Resulta a veces difícil, a causa de lo complejo y reciente de este fenómeno, precisar el punto en que las actividades que se llevan a cabo bajo este rótulo son viejas actividades con un nombre o una serie nuevos de actividades dirigidas a un problema antiguo pero cada vez más urgente. Los futuristas y los administradores han inventado términos para explicar y navegar en esos cambios: reinvención, reingeniería, cambio de paradigmas, transformación y revitalización, downsizing y desarrollo organizacional.

Las transacciones organizacionales con los ambientes tropezarán generalmente con cualquiera de estos tres problemas fundamentales: a) no pueden explicarse las transacciones ambientales mediante criterios económico-racionales; b) las transacciones incluyen la adaptación del todo el sistema; c) las transacciones suponen que existe una responsabilidad social. Cualquiera de ellas es lo suficientemente amenazantes para poner en peligro al concepto de transacciones ambientales adaptativas ante los ojos de muchos gerentes; sin embargo, para la supervivencia de la organización tal interacción adquiera cada vez mayor importancia.

Lawrence y Lorsch (1967) ilustran cómo los elementos humanos afectan la calidad de las transacciones que la organización tiene con su ambiente.

Lawrence y Lorsch, creadores de la teoría de la contingencia, hacen hincapié en determinadas dimensiones de la organización, particularmente en su estructura y en las relaciones entre grupos. Consideran otras dimensiones, pero estas dos son las que gozan de prioridad por su modo de ver las organizaciones. Arguyen (o estatuyen la hipótesis) que existe una relación causa-efecto entre cuán bien la estructura interna de la organización se acopla con las exigencias ambientales y cuán bien actúa la organización, es decir, cómo alcanza sus metas y objetivos.

Con este propósito, deseamos comprender el empleo de su teoría de la contingencia en el diagnóstico. Téngase presente que los conceptos primordiales de la teoría de la contingencia de Lawrence y Lorsch son diferenciación e integración, que representan la paradoja de cualquier diseño de organización, de que el empleo ha de quedar a un mismo tiempo dividido y coordinado o integrado. Por tanto, dentro de la estructura de Lawrence y Lorsch y para fines de diagnóstico, deseamos examinar una organización cliente en las dimensiones que el cliente juzgue importantes. El apéndice metodológico de su libro proporciona gran cantidad de detalles referentes a estas dimensiones, así como las preguntas que han de formularse para obtener la información. La enumeración siguiente resume estas dimensiones y algunas preguntas relacionadas.

Demandas ambientales

1. ¿Sobre qué base el cliente evalúa y escoge proveedores competidores de esta industria (precio, calidad, entrega, servicio, etc.)?
2. ¿Cuáles son los principales problemas con que tropieza la organización al competir en la industria?
3. ¿En años recientes han ocurrido cambios apreciables en el mercado o en las condiciones técnicas de esta industria?

El mejorar los procesos internos que envuelven a individuos y grupos podría mejorar la efectividad de las transacciones. La adaptación organizacional es una respuesta del sistema como un todo, un proceso continuo de transacción y adaptación que acompaña a las relaciones económicas, sociales y políticas. Se incluyen tanto los ajustes de los miembros organizacionales a la necesidad de cambio como el de la gerencia a las consecuencias del cambio; en este sentido, la posibilidad de mejorar los sistemas depende de que se comprendan las propiedades de todo el sistema; el de la mejoría es un problema de la "ética de todo el sistema"

No es sencilla la aceptación de su responsabilidad social por parte de una organización; el elevar al máximo las ganancias o la productividad como meta principal deja sin describir los límites reales y complejos de las transacciones organizacionales. Las grandes organizaciones modernas tienden a comprender cada vez mejor la responsabilidad que tienen respecto a las consecuencias socioeconómico -políticas de sus funciones. En años recientes grandes organizaciones particulares dedicaron sólidos recursos financieros y personal a cumplir sus responsabilidades sociales; sus actividades incluyen programas de adiestramiento para el personal, servicios gratuitos de administración para industrias de guetos urbanos, solución de problemas de la contaminación, una creciente ayuda a la educación y otros esfuerzos similares; desde luego, es un comienzo importante, pero, hasta el momento, poco se han comprendido los valores sociales inherentes a los tipos de procesos organizacionales internos. Cuando el liderazgo organizacional reconoce la importancia social de esos procesos, se ha dado un gran paso hacia una sociedad más humanista.

Hoy día se ve claramente que los términos del contrato entre sociedad y negocios están cambiando, realmente, de un modo sustancial e importante. Se está pidiendo a los negocios que asuman una responsabilidad más amplia que antes ante la sociedad y que sirvan a una gama más amplia de valores humanos; en efecto, se pide a las empresas que contribuyan más a mejorar la calidad de la vida de sus trabajadores y comunidad; que no se limiten a proporcionar ciertas cantidades de bienes y servicios. Dado que los negocios existen para servir a la sociedad, su futuro dependerá del tipo de respuesta que las gerencias den a las cambiantes expectativas del público.

Considerando que, en un ambiente en rápido cambio, la organización debe mostrarse capaz de resolver problemas, de un modo creador y flexible, para así descubrir posibles oportunidades de realizar transacciones más favorables. Deseamos interpretar lo anterior como indicación de que son necesarias las transacciones socialmente más pertinentes y valiosas. Con el tiempo nuestras organizaciones tendrán la capacidad de reaccionar a los ambientes y explorarlos de tal modo que, de manera flexible y creadora, se descubrirán formas de transacción socialmente más pertinentes y valiosas. Creemos que debemos estar preparados para cualesquiera misterios que el futuro guarde. Claro, ese nuevo estilo organizacional incluye reducir la obsolescencia estructural y de procedimiento, desarrollar formas de flexibilidad y adaptación e incrementar las investigaciones de la capacidad humana y su realización. Hoy día esas posibilidades son algo más que sueños, pero lograrlas exige crear capacidades, compromisos y valores diferentes de los que hoy caracterizan al mundo organizacional.

Para la teoría organizacional, encontrar a tiempo las respuestas al cambio constituye un proceso de dos partes: tareas y personas. Las acciones tangibles para enfrentar y propiciar el cambio y las personas que deberán realizarlas con una nueva formación y orientación involucran tareas y personas.

Hoy es innegable, el hecho que en las organizaciones hay una cantidad creciente de especialistas cuya función fundamental es la de propiciar el cambio. Esto ha sido siempre parte del trabajo de un directivo, y a menudo una parte significativa; pero hay ahora en las organizaciones un área con una gran cantidad de personal que son esencialmente expertos en el proceso de cambio en las organizaciones. Una parte de las exigencias de este nuevo rol es, casi inevitablemente, la capacidad de ser explícito acerca del mismo proceso de cambio, ya que el especialista en cambio organizacional será asesor y ayudante con más frecuencia que iniciador. Necesitará en este rol de consejero un marco de referencia o modelo tanto para pensar acerca de los medios mediante los cuales se influye sobre individuos y grupos para que cambien su conducta en las organizaciones.

Analizar el cambio organizacional implica necesariamente tener una visión de lo que el entorno, los avances tecnológicos y los clientes requerirán de la organización en el futuro y los objetivos que ésta se planteará al considerar a aquellos como fuente del cambio. También implica analizar el impacto de los cambios que las personas experimentan en su medio social y como lo llevan a la organización, además de la consideración de los "procesos "automáticos" de ajuste de la organización en un mundo caracterizado cada vez más por el caos que por el orden. Lo anterior determinará el diseño de estructuras, procesos y cultura organizacional que posibilite el cumplir con esos requerimientos del entorno.

Cualquiera que sea la visión que tengamos del futuro, ésta debe incluir el supuesto que la organización continuará jugando un papel importante en la sociedad y que los administradores tendrán funciones cada vez más importantes que desempeñar.

Diseñar el futuro de la organización es cuestión de saber que se requiere hacer, qué es posible realizar y que valoramos. A partir de estas definiciones, debemos elaborar modelos elementales del proceso de influencia en el cambio en las organizaciones que puede servir como punto de partida útil para quienes se ocupan del desarrollo de las organizaciones, así como para aquéllos de nosotros que estudiamos la vida de estas.

Cambio proactivo contra cambio reactivo

Lo inevitable del cambio político, económico. tecnológico, social, cultural, de competencia, de mercados y cultural es algo que hemos aprendido a aceptar —e incluso a anticipar- en las organizaciones; sin embargo, en gran parte de éstas hay mucho por hacer para lograr una condición de cambio continuo; en otras palabras, un cambio de naturaleza proactiva antes que reactiva. Los ambientes complejos y tumultuosos de las organizaciones modernas aportan un ímpetu inevitable para lograr, por lo menos, cierto grado de capacidad de cambio, como lo aportan la diversidad y el pluralismo del sistema político democrático. Además, las organizaciones modernas, a menudo caracterizadas como "sistemas abiertos", aprenden a tener relaciones más directas con los clientes y una gama más diversa de intereses de los miembros, lo que agrega presión para obtener flexibilidad y cambio. Cuanto más diferentes los puntos de vista pertinentes y cuantos más grupos con conflicto de intereses, mayor necesidad de cambio; este principio se aplica por igual a organizaciones públicas y privadas.

Además de todas las cualidades que, al parecer, hacen de las organizaciones modernas "sistemas de cambio" en marcha, en las empresas mexicanas existe la fuerte tendencia a establecer y mantener sistemas y técnicas que permitan llevar a cabo las cosas. Esto, a su vez, reduce la capacidad de cambio que, cualquiera que sea, parecerá una amenaza para los gerentes que han aprendido a considerar los procedimientos organizacionales como algo fijo y previsible. Es común que en las organizaciones ya establecidas los gerentes deseen que la estructura y los procedimientos continúen como están; esas personas saben cómo "hacer lo suyo" en el sistema, cómo manipular la estructura de poder y cómo asegurar que se satisfagan las necesidades propias y las de la unidad; por tanto, es natural que estén orientados hacia el statu quo; sin embargo, hoy se necesita más cambio proactivo, para adaptar los valores sociales y para modelar nuestro ambiente a fin de lograr una sociedad mejor.

A pesar de la necesidad o deseo de cambio, hemos de tener en cuenta otra cuestión que posiblemente sea importante en el futuro. ¿Cuánto cambio puede asimilar el ser humano y a qué tasa de aquél se logrará la aceptación? ¿Estamos realmente preparados en lo físico y lo emocional para la "sociedad temporal"? ¿Podemos resistir la ambigüedad, la paradoja y la incertidumbre constantes? ¿Es legítimo esperar que personas y organizaciones se mantengan al paso de una tasa de cambio tecnológico y societal en creciente entorno Desde luego que es razonable preguntarse si el hombre tiene una capacidad limitada para absorber el cambio; por ahora sólo puede especularse, ¿se necesitan más pruebas y actualmente comenzamos a entrar en esta nueva era "cambiante"? Algunos autores sugieren una interesante posibilidad al afirmar que, en nuestros tiempos, ya estamos socializados para buscar estabilidad y que la inestabilidad y el cambio nos perturban; afirman que con igual facilidad se podría socializar a la gente en la inestabilidad, de modo que la perturbaran asuntos demasiado estructurados y estables.

Obviamente se necesitan más conocimientos para decidir esto, pero de cierto que conviene tener en cuenta la idea, pues indica que quizá sólo se trata de una cuestión de perspectiva, lo que daría apoyo al concepto de que el hombre se podría adaptar a un nivel mucho más elevado de inestabilidad y ambigüedad del que ha conocido en el pasado.

La administración del cambio requiere un diseño sistemático de éste y una cuidadosa selección de modelos adecuados de cambio, modelos que se adapten a las necesidades del sistema de la clientela; que cuando no se introduce el cambio sistemáticamente, éste podría resultar dañino -e incluso catastrófico- para la efectividad organizacional. Al examinarse varios elementos básicos para desarrollar el modelo de cambio ideal, sabemos que una vez más que el cambio organizacional debe tener en cuenta las fuerzas de la organización interna, así como el ambiente externo.

Desarrollo de la capacidad innovadora

Las organizaciones modernas y complejas siempre han dependido, para su supervivencia y crecimiento, de ideas nuevas y de avances en la innovación, pero nunca como hoy día se mostraron más determinadas a buscar nuevos modos de realizar las cosas. En, el futuro, la supervivencia organizacional dependerá casi totalmente de que se logre la capacidad de innovar.

¿Qué es innovación? ¿Qué tipo de individuos y organizaciones muestran la capacidad respectiva? ¿Existen diferencias estructurales y gerenciales entre organizaciones innovadoras y no innovadoras? ¿Qué tipo de clima organizacional se necesita para que haya innovación? A las organizaciones del mañana les será esencial responder a tales preguntas.

Para muchos estudiosos del cambio organizacional es confusa la distinción entre innovación y capacidad creadora y, lo admiten, se les escapa; para nosotros, capacidad creadora significa dar vida a algo nuevo, mientras que innovar sugiere dar uso a algo nuevo. Ocurre la innovación cuando una organización adopta algo nuevo por primera vez, aunque en alguna otra parte se haya usado por años. Acontece la creación cuando la organización inventa una idea, producto o modo de hacer las cosas completamente nuevas y no de necesidad relacionado con lo que se ha hecho antes. Las presiones de adaptación pueden llevar a la innovación, a la creación o a ambas; por ejemplo, los negocios y la industria japoneses pasaron por un periodo de adaptación cuando imitaron modelos extranjeros; subsecuentemente, el país enfocó más la innovación (el cambio adaptativo) que imitar nuevos productos. Hoy día la industria japonesa está mostrando en muchos campos un elevado nivel de verdadera capacidad creadora.

Como ya se indicó antes, el cambio organizacional, la innovación y la creación dependen en extremo de los individuos que componen la organización. Las grandes organizaciones privadas cada vez llegan a ser más conscientes de que ha pasado la época exclusivamente dedicada a la productividad y la eficiencia; hoy enfrentamos nuevas y apasionantes épocas que hacen hincapié en la humanización y la democratización, que impulsan la innovación y la creación y dar más servicios a miembros y clientes; tal desarrollo es una tendencia claramente discernible hoy día; proclividad que, según sugieren las pruebas, será más general en el futuro. Es una tendencia de desarrollo de gran importancia social, pues es humanista; no obstante, promete un modelo organizacional que constantemente logrará elevados niveles de adaptación, innovación, creación y solución de problemas.

La innovación y la creación jamás florecen en un ambiente desfavorable; después de todo, ningún hombre se dedica a la innovación cuando el ámbito no le da motivación, incentivos y libertad. Los psicólogos han indicado que la mayoría de los novelistas y poetas franceses del siglo XIX nacieron en París o allí tuvieron oportunidad de expresarse creadoramente: ese ambiente favorable les era necesario para estimular y hacer fructificar sus capacidades naturales.

Puede llegarse a la conclusión que, si la sociedad desea cosechar ideas innovadoras y creadoras, debe preparar la tierra y ofrecer un clima de aceptación y apreciación para que surjan formas de talento y de capacidad únicas, asociadas con esas cualidades; por desgracia, pocas organizaciones están preparadas para esto. Aunque resulta obvio que las entidades del mañana serán producto de las elecciones que hoy se hagan, pocos gerentes prevén "ese futuro diferente" lo suficientemente bien para aprovechar las oportunidades que les ofrecen los crecientes conocimientos que se tienen de la innovación y la creación. En el mundo, los grupos minoritarios, ayudados por la creciente libertad, la educación y las oportunidades vigentes, han producido muchos escritores, músicos, educadores, y científicos excelentes; estos logros de tales grupos minoritarios sirven para mostrar qué efecto ejerce sobre la capacidad de creación y el crecimiento el hecho de aumentar la receptividad del medio.

Es necesario introducir más "laxitud" en el contexto organizacional para facilitar el desarrollo de actividades innovadoras y para absorber los costos que resulten de los errores atribuidos a la innovación. El clima organizacional resultará desfavorable para la innovación y la creación cuando la organización tenga poca "laxitud"; quizá este concepto sea tan útil como cualquier otro, para describir las limitaciones de la conducta organizacional tradicional. En ciertos aspectos, la historia de la teoría de las organizaciones es poco más que un continuo esfuerzo "científico" por eliminar toda la laxitud de estructuras, procedimientos y conductas. Ahora que ya se sabe cómo "manejar el sistema", ha de reintroducirse selectivamente en nuestras organizaciones una forma de espacio vital, o las estrangulará la rigidez de los costos, asociada con condiciones sumamente estructuradas. Cuando las organizaciones dependen del cambio para sobrevivir, tanto innovación como creación se vuelven variables críticas y medulares, que a su vez dependen de la laxitud u holgura organizacional para crear un clima que les permita crecer y dar oportunidades. Las organizaciones que se resisten a la innovación y organizaciones que la producen, las que producen innovación deben, de continuo, aprender, desarrollar nuevas ideas y adaptarse a los cambios internos y externos.

Cambio y efectividad organizacional

En la búsqueda y el desarrollo de nuevos enfoques para evaluar y lograr el cambio organizacional es necesario aceptar que existe la necesidad de desarrollar una base conceptual clara de la efectividad organizacional – objetivo del cambio - considerando tanto las causas como las consecuencias. También se requiere reconocer que los enfoques basados en la racionalidad de la ciencia no son suficientes para explicar el cambio cuando están implicados intereses humanos, y por tanto, debe introducirse una racionalidad de los propósitos humanos. El método científico debe considerarse con sus limitaciones porque proporciona la base para la evidencia, pero no ayuda cuando los intereses individuales y de grupo se articulan, entran en conflicto o se niegan.

Frente a los procesos de cambio Pettigrew, et al., (2001) se hace la siguiente pregunta ¿en qué consiste el éxito o la efectividad en la gestión del cambio? Según él, las definiciones de éxito pueden estar compuestas por consideraciones o nociones de cantidad, calidad, y velocidad del cambio. Posiblemente estas definiciones pueden intercambiarse con elementos de cantidad, ritmo alcanzado y el precio de la calidad del proceso de cambio. Los posibles juicios sobre el éxito pueden estar condicionados a quienes están realizando dicho juicio y al momento en que se realiza.

Pero debemos aceptar, sin embargo, que una cosa es analizar aquellos elementos o factores que logran determinar posibles eventos de cambio y otra cosa, con un grado de dificultad mayor, es generar evidencia convincente de que un cierto patrón de cambio contribuye con iniciativas para el desempeño organizacional. Un hecho que evidencia esta situación es el surgimiento y posterior fracaso del texto de Peters y Waterman (1982) al concentrarse en muestras pequeñas, considerando sólo aquellas empresas de alto rendimiento. Esta situación deja a los estudiosos del cambio frente a dos opciones, que sería sumamente conveniente combinar:

La opción 1. consiste en llevar a cabo estudios, teniendo en cuenta un amplio espectro de tiempo que permita llegar a aclarar cualquier posible asociación que se presente entre los patrones de cambio adoptado por las empresas y su desempeño financiero. Esta estrategia de investigación permite vincular el "qué" del cambio de rendimiento de la empresa, pero revela muy poco sobre el proceso y el contexto de la evolución.

Opción 2: para llevar a cabo un conjunto asociado de estudios longitudinales de casos comparativos de pares de organizaciones de alto y bajo rendimiento, se debe tener en cuenta que los estudios de casos de ese tipo darían a los investigadores la posibilidad de responder de manera acertada aquellas preguntas que se relacionan con el proceso, el contexto y la personalización de las estrategias de cambio que faciliten a las empresas construir y mantener un rendimiento superior.

Según Petigrew, et al., (2001). existe una proposición de tipo general que representa una importancia trascendental llamada las complementariedades, esto sobre todo es observable en empresas de alto rendimiento, donde existe la probabilidad de que se presente una combinación de cambios que pueden tener lugar en el mismo momento, también debemos tener en cuenta que los beneficios obtenidos de un sistema completo son más que la suma de las partes del sistema e incluso en algunos casos, podrían generar efectos negativos.

Hoy día, los criterios tradicionalmente empleados para evaluar la efectividad organizacional se están volviendo cada vez menos adecuados; para llegar a organizaciones caracterizadas por sistemas humanistas y adaptativos es necesario volver a evaluar y poner al día los tradicionales criterios de efectividad.

La teoría tradicional está dedicada a conceptos tales como la especialización de las tareas, la autoridad y la responsabilidad jerárquica, el desempeño individual de la tarea, la coordinación y el control, la adecuación del sistema y cuestiones de ese tipo. Esas consideraciones sí sirven a propósitos significativos en las organizaciones orientadas a la producción; en alguna forma y en cierto grado seguirán siendo pertinentes para gran parte de las grandes organizaciones; sin embargo, son de importancia secundaria -e incluso hasta una amenaza- para las de índole cambiante y adaptativa y para aquéllas dedicadas a actividades no productivas ni rutinarias. En el mundo posindustrial muchas más organizaciones tendrán que lidiar con ambigüedades antes que con certidumbre; con acontecimientos sin programar, antes que programados; con problemas insolutos antes que con "soluciones", y con desafíos adicionales a sus sistemas internos.

Los criterios establecidos para lograr racionalidad y predictibilidad establecerán técnicas y objetivos diametralmente opuestos a las necesidades organizacionales del mañana.

Cada vez en mayor medida, las subsecuentes generaciones organizacionales lograrán efectividad por medios diferentes, y llegarán a un nivel más elevado de conocimientos aplicados acerca de los seres humanos, incluyendo su capacidad de interactuar con otros, una adaptación hábil y flexible al ambiente organizacional, adquisición de capacidad de cambio para satisfacer las de mandas impuestas por un ambiente impredecible y logro de capacidades necesarias para el uso continuo de la innovación y la creación en la organización en funcionamiento.

Son nuevos muchos de los conocimientos y habilidades incluidas en esos criterios y no han sido digeridos, integrados ni funcionalizados como elementos importantes de la moderna teoría o práctica organizacional. Para prepararnos a refinar esos nuevos criterios en las organizaciones en funcionamiento hemos de prestar más atención a las siguientes cuestiones: ¿Qué conocimientos funcionales tenemos sobre la naturaleza del hombre? ¿Cómo desarrollar la capacidad interpersonal de los individuos, de modo que puedan interactuar más eficazmente con los miembros y la gerencia organizacionales? ¿Cuán libre es el hombre para comunicarse con otros, franquearse con ellos y experimentar las nuevas ideas? ¿Cómo puede una organización relacionarse adecuadamente con su ambiente y adaptarse a él? ¿Realmente resulta necesario a las organizaciones modernas cambiar y renovarse?

La complejidad y constancia del cambio está inserta en la famosa frase del filósofo griego Heráclito de que "nadie puede bañarse dos veces en el mismo río, pues las aguas están fluyendo constantemente", representa claramente la idea de que todo está en un estado de constante cambio y permanencia que resumía en que "Todo cambia nada permanece; todo se mueve y nada queda fijo.... Las cosas frías se tornan calientes, las cosas calientes se vuelven frías; lo mojado se seca y lo reseco se humedece".

En la época moderna David Bohm ha desarrollado la teoría del universo como un todo fluido y compacto. Al igual que Heráclito, ha visto como fundamental el proceso de flujo y cambio, arguyendo que el estado del universo en cualquier instante refleja una realidad básica u "orden implícito (o envuelto) que la distingue del "orden explícito" (o revelado), manifestada en todo el orden que nos rodea, el último realiza y expresa las potencialidades que existen en el primero.

Los términos de "holomovimiento" y "holoflujo" expresan la naturaleza indivisa y fluyente del orden implícito que es la fuente generadora de las formas explícitas. Estas formas, como el río descrito por Heráclito, tienen una apariencia de estabilidad cuando realmente están sostenidos por el flujo y el cambio. Como un remolino en el río, que parece relativamente una forma constante recurrente y estable no tiene otra existencia que el movimiento de las aguas del río en el cual existe. Esta analogía nos ilustra como el orden explícito fluye del orden implícito según un proceso coherente de transformación. El mundo se despliega y repliega a cada momento cómo una especie de pulsación del todo. Cada momento de existencia tiene similitud con su predecesor creando la apariencia de continuidad en pleno cambio.

Esta teoría también sugiere que para comprender el secreto del universo hemos de comprender los procesos generadores que implican los órdenes implícito y explícito. Hasta ahora la ciencia ha confinado su atención a comprender las relaciones dentro del orden explícito. De estar en lo cierto Bohm el mundo explícito es sólo un caso o expresión particular del "holomovimiento". Para descubrir las "leyes del todo" embebidas en el orden implícito, hay que entender el movimiento, el flujo y el cambio que producen en el mundo que se estudia y experimenta. La teoría de Bohm, como la de Heráclito, da la vuelta a la usual relación entre realidad y cambio. Mientras en la ciencia y en la vida diaria se tiende a ver el cambio como un atributo de la realidad y al mundo como cambiante, la teoría de Bohm invita a comprender que el mundo en sí mismo es sólo un momento de un proceso fundamental de cambio. Su teoría sugiere que por debajo de la realidad hay un proceso oculto - una "lógica del cambio"- que nos ayuda a explicar la forma concreta del mundo en cualquier instante.

Por su parte, Fritjof Capra (2015) describe un nuevo mundo que emerge de la física cuántica. Esto provee de una nueva percepción del mundo, un mundo que ha comprendido su proceso y los patrones y conexiones de cambio. Lo que se ha llamado "nueva ciencia" que incluye los descubrimientos de la física, biología, evolución, teoría del caos y física cuántica ha penetrado el campo de la teoría organizacional cuestionando el orden del universo donde se insertan las organizaciones, los procesos creativos y dinámicos, la autonomía y control que aún mantienen el orden. Al quedar atrás el mundo donde el orden y la estabilidad, el cambio la autonomía y el control producen un mundo donde el cambio y la creación constante señala nuevas formas de mantener el orden y la estructura de las organizaciones.

Las organizaciones están insertas en ese mundo y el cambio está referido a cualquier alteración significativa de las pautas de conducta de una gran cantidad de los individuos que constituyen una organización dado que la «conducta» de una organización está compuesta por las acciones e interacciones de los individuos de esta. Cuando decimos que una organización «se adapta» a cambios en el mercado, a condiciones económicas y a descubrimientos científicos, en realidad son los procesos internos por los cuales se produce la adaptación de una organización. La correlación biológica de un organismo que se adapta a su medio ambiente puede resultar notable y conceptualmente útil, pero es característico que los estudiosos de las organizaciones no hagan uso más que parcial de la analogía. Se detienen en este nivel generalizado de explicación y no siguen a sus colegas de la biología, cuyos conceptos han tomado prestados, en el paso siguiente de examinar los procesos internos por los cuales se adapta el sistema.

La importancia de estas ideas en la comprensión de la organización y de los procesos organizacionales derivan de que, si el mundo de la organización es una realidad empírica y desplegada, puede entonces comprenderse mejor la naturaleza de la organización decodificando la lógica del cambio y transformación a través de la cual la realidad se revela invitando a buscar la dinámica básica que genera y sostiene a las organizaciones y sus entornos como formas sociales concretas.

En algún lugar existe una forma más simple de liderar las organizaciones que implique menos esfuerzo que el que actualmente les dedicamos. Existe nuevo conocimiento que es solamente el comienzo para cristalizar sus aplicaciones, porque no creo que las organizaciones sean inherentemente inmanejables en un mundo de flujo y de imposibilidad para predecir los escenarios futuros. Al contrario, nuestra forma presente de entender a las organizaciones está sesgada, y en la medida en que nos concentremos en los viejos métodos y prácticas, entre más nos movamos hacia esos rompimientos del continuo y tratemos de entender el mundo actual con toda las capas de complejidad, el sentido de las cosas fuera de control no serán más señales de fracaso sino de entendimiento profundo de la realidad de la vida organizacional y de la vida en general.

En la búsqueda por la simplicidad todavía vivimos con asuntos para los cuales nuestra experiencia y conocimiento no nos proporciona respuestas. Buscando esta dinámica oculta, nos olvidamos de la cambiante cultura, valores, expectativas, orientaciones y preparación de las nuevas generaciones, mientras la atención se mueve hacia otras consideraciones de los profundos procesos de cambio y transformación que producen la superficie del fenómeno organizacional. Para lo cual se requiere de la elaboración de un modelo.

Un modelo puede contribuir a ordenar los datos con que se cuenta y a esclarecer la discusión. Puede proporcionar algunas categorías muy necesarias, para poder destacar las similitudes entre actos similares. Puede señalar las múltiples funciones que desempeña algún acto, sin obligarnos a hablar de todo a un tiempo. Nuestro objetivo será describir tres modelos, tres puntos de vista diferentes de cambio que proporcionan un modo de explorar cómo la realidad la organización puede embeberse en la lógica del cambio en sí misma. El primero trata sobre las últimas ideas en biología para explicar cómo los sistemas de autopoíesis (del griego "poiesis" capacidad de producir) o auto - productores. El segundo esboza ideas del entorno que sugieren que la lógica del cambio se pliega por fuerzas y tensiones desencadenadas por los factores del entorno. El tercero sugiere que el cambio es el producto de las características individuales y de las relaciones entre ellos. Cada una proporciona un modo de explicar cómo la realidad explícita de la vida organizacional se forma y transforma por procesos fundamentales con una lógica propia en cada caso.

Empieza apenas el proceso de descubrimiento e invención de nuevas formas organizacionales que se utilizarán en el tercer milenio. Para ser descubridores e inventores responsables requerimos del coraje de dejar atrás el viejo mundo, de abandonar nuestras interpretaciones acerca de lo que no proporciona resultados satisfactorios. Como Einstein dijo "Ningún problema puede ser resuelto desde la misma conciencia que lo creo. Debemos aprender a ver el mundo viejo de una nueva manera".

A continuación, describiremos el panorama general de los elementos principales del cambio organizacional.

1. Dimensiones críticas del cambio. Existen diversas concepciones de lo que es el cambio, cada uno de nosotros tiene una idea de lo que es el cambio, pero, así como existen teorías informales (las nuestras), existen también teorías formales sobre el cambio del comportamiento. Estas diferentes teorías podríamos clasificarlas a unas cuantas dimensiones importantes en sus variaciones: contra concepciones socialmente orientadas y concepciones individuales

Teorías psicodinámicas tradicionales (pensamiento psicoanalítico), analiza el cambio como una cuestión meramente interna, es decir, que el cambio está dentro de la persona, en su comportamiento determinado por complejas fuerzas internas, motivaciones inconscientes, conflictos y sistemas de defensa.

Las teorías del cambio social toman en cuenta los factores interpersonales, de grupo, de organización, sociales e incluso culturales, y concluye que el comportamiento del individuo esta empotrado en una matriz de factores sociales. En el contexto de grupo la persona tiene que tratar con una diversidad de otros individuos y no debemos olvidar que la retroalimentación de su comportamiento puede ser ganado con mayor facilidad de un número de participantes-observadores que de una sola persona.

Al trabajar en grupo se puede describir que en algunos casos su comportamiento evoca los mismos sentimientos y acciones en contrario de prácticamente cualquier persona con la que interactúe. En el contexto de grupo para el cambio permite a la persona aprender a observar los estilos interactivos de otras personas.

2. Mantenimiento de los comportamientos cambiados. Los teóricos del cambio han comenzado a examinar la necesidad de cambios de apoyo en la situación vital de la persona como parte integral del proceso de cambio y cuidar los apoyos ambientales en el proceso del cambio. Es importante ya que el descuido de los factores ambientales y los factores sociales producen cambios imprudentes no planeados.

Hay quien piensa que toda la personalidad debe ser reestructurada primero, y otros que es posible cambiar determinados aspectos del comportamiento simplemente con cambiar tales aspectos. Los estudios del aprendizaje humano y de la teoría sociopsicológica han demostrado que los cambios en el comportamiento pueden producirse sin intentar modificar la personalidad total de la persona.

Las teorías del cambio difieren en tomar métodos históricos reconstructivos o bien un análisis contemporáneo de la vida de las personas; en los primeros se da una importancia a las experiencias tempranas de la vida, las que preponderan en la determinación de los patrones de conducta del adulto y por el contrario en el análisis contemporáneo que tiene sus principales exponentes en los grupos de encuentro de la Gestalt en donde se requiere que la persona busque el cambio en el aquí y ahora y se encuentre en sus sentimientos y comportamientos actuales.

3. Estructura de los escenarios. La teoría del aprendizaje muestra una estructura típica con prescripciones muy claras para el comportamiento y propone ejercicios que suponen secuencias de comportamiento cuidadosamente dispuestas; es una manera muy típica del método. Por otro lado, en un grupo de adiestramiento de la sensibilidad no hay estructuras para impartir el adiestramiento y se deja a los miembros bajo sus propios recursos al tratar con una situación en la cual los problemas que surgen de una estructuración social mínima deben ser enfrentados.

4. Verbalización vs. Acción. La verbalización se centra en su mayoría de las veces como la técnica del cambio mayormente usada entre el agente del cambio y su cliente. En el grupo de Gestalt se estimula a las personas para que experimenten con formas diferentes de comportamiento para que realicen con otras y aprendan de ellos diversas técnicas derivadas de la teoría del desempeño de papeles y así cambiar el

comportamiento propio porque el cambio solo se da cuando la persona está dispuesta a comenzar a ensayar tales cambios en condiciones apropiadamente controladas para actuar, retroalimentar y aprender.

5. La responsabilidad del cambio. Debe de estar en el cliente mismo, los agentes de cambio (asesores) deben de facilitar los cambios en su cliente en muchas formas. Algunas técnicas requieren la cooperación plena entre un agente activo y un cliente igualmente activo o cambios como agente pasivo y cliente activo, etc. Pero siempre será necesario que el cliente se dé cuenta de que su papel requerirá algo de sí mismo y descubrir una verdad: el cambio no le acontecerá en forma pasiva y milagrosa "el mismo debe trabajar para producirlo".

6. Resultados de un proceso de cambio. ¿Cuál es la naturaleza de los resultados del proceso? Buena o mala, puede ser tal vez lo que el cliente aprende en beneficio de sí mismo como empresa, como consecuencia de su participación en un programa de cambio, ya que la persona puede llegar a comportarse de una forma diferente o bien puede adquirir percepciones nuevas de sí mismo.

El proceso ideal del cambio debe dar a la persona una sensación del proceso mismo y dejarlo con una comprensión de los medios por los cuales puede continuamente vigilar y cambiar su comportamiento en situaciones sociales ajenas a la situación formal del cambio.

7. Evaluación de los resultados. El evaluar la efectividad de los intentos de cambio y el análisis detallado de los resultados ha sido siempre tema de investigación para los estudiosos del cambio, sin embargo, la etapa de medición aún se encuentra en estado inicial.

Los motivos en primer lugar porque a menudo resulta difícil alcanzar datos confiables sobre resultados relativos a programas individuales de cambio. Todavía en nuestros días, las teorías del cambio se expresan en términos tan ambiguos y generales que resulta imposible generar expresiones operacionales claras para tener los criterios de resultados.

8. Las culturas de la organización. Cultura, son las creencias y valores aprendidos y los patrones de comportamiento característicos que existen dentro de una organización. Existen dos sistemas culturales; uno formal y otro informal, el primero consiste en las expresiones idealizadas de lo que debieran ser los valores, las creencias y los comportamientos de los miembros; el segundo son parte de dichos comportamientos tal y como se presentan en la realidad.

Se da el caso de conflictos entre dos o más creencias, valores y patrones de comportamiento de las diversas culturas, con esto, se evita la realización de metas de la organización, sabotean los esfuerzos de cambio en la organización. Los agentes de cambio no deben ignorar el contexto cultural de la organización.

9. Condiciones que estimulan a las culturas múltiples dentro de la organización. Las principales condiciones y factores son las siguientes:
a)	Las organizaciones que eligen a su personal de dos o más poblaciones significativamente diferentes.
b)	Desarrollo en forma natural de culturas de organización diversas alrededor de cuestiones relacionadas con las tareas.
c)	Los sistemas de recompensa de la organización fomentan patrones de comportamiento, de creencias y de valores en una subcultura particular que sean distintos tanto de las metas expresas de la organización, considerado en su conjunto, como de las metas de otras subculturas dentro de la organización.
d)	Cambio significativo en la cultura social externa.

10. Socialización: la transmisión de la cultura de la organización. Las culturas son transmitidas por medio de procesos de socialización a medida que se desplaza de la

situación de "miembro novato" a "miembro antiguo", los componentes esenciales del proceso de socialización son el reforzamiento, la imitación social, y la instrucción directa.

Reforzamiento: es el comportamiento de los organismos humanos que pueden ser influidos en forma significativa por condiciones adecuadas de trabajo y sus consecuencias de los resultados de cualquier comportamiento dado. Los comportamientos conducen a resultados que se consideran valiosos y probablemente serán conservados por la persona y se realizarán en forma confiable. No se debe suponer que todos los acontecimientos son igualmente reforzadores para todas las personas. A menudo se da el caso de que ocurren comportamientos disfuncionales en la organización debido a un reforzamiento inadvertido o no pretendido como pueden ser los comportamientos de los gerentes que formulan estructuras complejas de recompensas en la organización que actúan contra la realización de las metas globales.

Las recompensas autoadministradas y el reforzamiento intrínseco son aplicaciones igualmente importantes que predisponen a las personas en las condiciones de reforzamiento para sí mismos. Para la mayoría de las personas existen tareas que le exigen un alto grado de refuerzo intrínseco, tareas que los "activa en forma positiva" tales actividades pueden continuar desarrollándose con mucha intensidad y bastante esfuerzo, durante largos períodos de tiempo en ausencia de un reforzamiento externo. Por esto debe ponerse mucha más atención a la naturaleza del trabajo para asignar reforzamientos intrínsecos y autorrecompensas.

La existencia de múltiples culturas debe alertar al agente del cambio respecto de la probabilidad de varios procesos de socialización, así como varios sistemas de reforzamiento. Las estructuras formales de recompensa y la organización pueden competir con varias estructuras informales de recompensa y a menudo se da el caso de que los intentos de alterar el cambio fallen debido a que las estructuras informales de recompensa no son reconocidas y atendidas.

11. Los modelos sociales y la socialización en la organización. Los factores que están asociados con los modelos y la socialización son modelos de imitación, modelos filmados, aprendizaje de comportamiento, culturas internas de liderazgo. La gente no imita en forma indiscriminado, escoge a quienes imitar. Cuando el comportamiento de un modelo es percibido por el observador como conducente a resultados que se estiman como valiosos aumenta la probabilidad de un comportamiento imitativo, por esto la gente tiende a imitar aquellos comportamientos conducentes al reforzamiento.

El control sobre los reforzamientos deseados es más efectivo cuando se da una situación afectiva del modelo exhibiendo los comportamientos que se habrán perseguido, reforzando los comportamientos imitativos. Se ha demostrado que existen diversas características de los modelos que influyen en la efectividad de éstos, se debe pretender que los factores permanezcan en igualdad de circunstancias, dado que las personas son influidas por modelos con los cuales se identifican. A menudo, sucede que aquellos modelos poseedores de mayor prestigio y posición son más efectivos que los que no los poseen.

Modelos filmados: Son las secuencias grabadas de un comportamiento modelo afectivo en una diversidad de contextos produciendo la creencia realista entre los legos de que las acciones filmadas puedan influir en grado importante en los observadores.

12. Comportamientos que pueden ser aprendidos. Las actitudes y los comportamientos hacia los miembros de los grupos minoritarios.

*   El comportamiento delincuente y no delincuente.
*   Los patrones neuróticos de comportamiento interpersonal como la agresión y la dependencia.
*   El comportamiento moral.
*   La inconformidad con las reglas y la violación de ellas.

13. La instrucción directa y la socialización en la organización. El intercambio de información asume la forma de instrucción directa que un miembro de la organización recibe de otro miembro y se convierte en un ingrediente típico del proceso de socialización. Se aprenden las actitudes, expectativas y creencias subsecuentes que son a menudo influidas por las primeras interacciones de tal manera que los miembros antiguos se convierten en dirigentes de la opinión por razones de carisma personal, de posición en la organización, de antigüedad, de categoría y de otros factores subculturales que ejercen una influencia considerable en la socialización.

14. Las culturas en la organización, la socialización y el cambio en la organización. Los patrones de valores, creencias y comportamientos que componen las culturas de la organización, son mantenidos y transmitidos a los miembros nuevos por medio del proceso de socialización en la organización. En el análisis del reforzamiento, de los modelos sociales y de la instrucción directa, hemos intentado mostrar los componentes del proceso de socialización.
Las resistencias al cambio son predecibles a partir del conocimiento de la composición cultural de la organización. Ciertamente, hay ocasiones que la cultura dominante de una organización indica claramente que una técnica particular del cambio planificado es totalmente inapropiada y que hay una gran probabilidad de que falle. Es importante que el agente del cambio este enterado de mayorías étnicas, políticas, religiosas que podrían resultar determinantes en la obstrucción del planteamiento de cambio.
El agente del cambio debe estar enterado de los hechos de la socialización en la organización donde sea posible, debe ponerlos al servicio del cambio planificado en la organización. Los procesos de socialización informales y los que ocurran naturalmente pueden resultar en demandas de excesiva conformidad, en restricciones a la libertad personal, en la

manipulación entre personas y el aprendizaje de patrones de comportamiento que son desastrosos tanto para el individuo como para la organización.

Advertir los efectos poderosos que ejerce el reforzamiento sobre el comportamiento, es el primer paso en el reconocimiento de efectos paradójicos de influencia social dentro de la organización. También el hecho de comprender a la organización como un sistema social, ayuda al agente del cambio a identificar a las personas claves útiles en el proceso de cambio. Si bien algunas de estas personas ocuparán puestos formales en la administración, también es posible descubrir personas que no ocupan puestos en la estructura de autoridad formal, pero que sin embargo son claves en el proceso.

15. Aplicaciones de las técnicas de aprendizaje social. Primero consideraremos varias formas de reforzamiento en las cuales puede aplicarse la teoría del reforzamiento al problema del cambio en la organización. El agente del cambio debe vigilar constantemente el sistema de reforzamiento de la organización, tanto en sus formas reales como subreales, debe ponerse atención aplicando cuestiones como las siguientes:

1.   ¿La estructura de recompensas de la organización va de acuerdo con las metas generales de la organización? ¿La estructura formal de recompensas estimula aquellos patrones de comportamiento donde las únicas formas en que pueden obtenerse recompensas son por medio de comportamientos realmente disfuncionales para la organización considerada en su conjunto?

2.   ¿La estructura formal de recompensas requiere que las personas quiten la acentuación de determinadas metas para ponerlas en otras?

3.   ¿Establece la estructura formal de recompensas una situación en la cual la competitividad destructiva, que se da tanto entre los individuos como entre las subunidades de la organización, se convierte en una condición necesaria para obtener la recompensa?

4.   ¿Asegura la estructura formal de recompensas que los cambios en la organización no pueden producirse? ¿Cómo puede alterarse la estructura formal de recompensas con el fin de facilitar los cambios deseados en el comportamiento?

5.   ¿Es óptima la programación de las recompensas formales? ¿Pueden producirse cambios en la organización por medio de la ampliación o la reducción en el intervalo entre las administraciones de recompensas?

6.   ¿En qué medida puede diversificarse la estructura formal de recompensas para capitalizar sobre las diferencias individuales en preferencias por reforzadores? ¿Puede la estructura formal ser adaptada en forma distinta con el fin de variar la naturaleza de los reforzadores y de manera que se ajuste a las diferencias individuales en la preferencia de la programación? ¿Puede pagarse a algunos individuos o a determinados departamentos, con mayor frecuencia que a otros?. ¿Los cambios deseados en el comportamiento de la organización pueden ser producidos al ajustar los sistemas formales de recompensa en las diferencias individuales?

16. Análisis y cuestionamiento de las contingencias en el reforzamiento. El agente del cambio también analizará la estructura informal de recompensas. Los datos para realizar tales análisis pueden generarse en diversas formas, como puede ser la observación controlada de muestras de comportamiento mediante observadores adiestrados, miembros de la organización o consultores externos. Se aplicará el cuestionamiento siguiente:

1.   ¿Son consistentes los patrones de reforzamiento en las culturas informales de la organización con las metas de la organización formal?

2.   ¿Quiénes son los agentes influyentes en la estructura informal que tienen control sobre los reforzamientos?

3.   Cuáles son los reforzadores efectivos en la estructura formal: ¿el reconocimiento, la posición, los materiales de trabajo, el espacio o el aislamiento?

4.   ¿Fomenta la estructura informal de recompensas las rivalidades entre personas y entre departamentos, así como las relaciones disfuncionales?

5.   ¿La estructura informal de recompensas va en contra del cumplimiento exitoso de los programas de cambio que actualmente están en marcha o se planifican?

17. El adiestramiento del agente efectivo de reforzamiento. Los agentes, los supervisores y otras personas clave en la organización pueden ser adiestrados para convertirse en observadores cuidadosos de su propio comportamiento y de los demás. Tal adiestramiento debe dirigirse a las personas productoras que están perfectamente enteradas de los comportamientos que refuerzan y de los aspectos reforzadores de su propio comportamiento.   La manera de conocer su comportamiento real es a través de un análisis de secuencias filmadas de interacción en que entran en juego las personas que reciben el adiestramiento.   Cuando se obtiene éxito, este adiestramiento puede resultar valioso por las siguientes razones:

1.   Puede producir cambios en la organización al eliminar un comportamiento disfuncional reforzador por parte de personas claves.

2.   Puede proporcionar el grupo necesario de personas adiestradas para iniciar programas de cambio basados en la teoría del reforzamiento.

3.   Las personas así adiestradas pueden utilizarse para apoyar y mantener los cambios en el comportamiento que han sido producidos por otros métodos.

18. Esclarecimiento y enriquecimiento del medio ambiente de reforzamiento. La tarea central del agente del cambio que decide adoptar técnicas de reforzamiento es la de rediseñar el medio ambiente de la organización. Se parte del supuesto de que, si el medio ambiente de reforzamiento de la organización puede ser clarificado, enriquecido, y hacerlo congruente con las

metas y los objetivos de la organización, probablemente seguirán cambios convenientes en el comportamiento de la organización. Al intentar rediseñar el medio ambiente de refuerzo de una organización, se aplicará el siguiente cuestionamiento:

1. ¿Son claras e inequívocas las contingencias de reforzamiento?
2. ¿Los miembros de la organización, tanto los que otorgan reforzamientos como los que los reciben, son claros acerca de qué comportamientos conducen a los resultados?
3. ¿Son suficientemente variados los acontecimientos de reforzamiento?
4. ¿Están presentes los reforzadores en número suficiente?
5. ¿Se refuerza el comportamiento apropiado?
6. ¿Son óptimas la programación y la oportunidad de los reforzamientos?

El mejor método que se debe seguir es probablemente el de reforzamientos frecuentes y consistentes en las primeras fases del aprendizaje de nuevos métodos de comportamiento, con un cambio gradual a un patrón de reforzamiento intermitente sobre alguna base fija o variable. El gerente debe estar siempre enterado de la posibilidad de que los cambios en la naturaleza de las tareas que desempeñan los miembros de la organización puedan ser un vehículo efectivo para otros cambios. Cuando se da a los trabajadores la oportunidad de ejercer algún control sobre las características de sus puestos de trabajo, pueden formar parte del resultado con una mayor dedicación, mayor participación y satisfacciones intrínsecas. Desde luego, no siempre es posible alterar las características del puesto o hacer participar a todos en el diseño del trabajo, pero los agentes del cambio deben estar siempre en guardia respecto de situaciones susceptibles de recibir influencia de tales intervenciones.

19. Cambio organizacional

Cualquier persona que haya planeado un cambio organizacional de importancia sabe: a) lo difícil resulta prever con exactitud todos los problemas importantes que pueden surgir; b) la enorme cantidad de tiempo que se necesita para planchar las arrugas y hacer que la gente acepte el cambio; c) la obvia falta de entrega interna por parte de muchos que debieran ayudar a que el plan funcionara, lo que en parte se manifiesta d) en que la gente de todos los niveles se resiste a tomar la iniciativa tendiente a hacer modificaciones necesarias para que el nuevo plan tenga éxito.

3 MODELO CONCEPTUAL DE LA ORGANIZACIÓN

Para analizar el cambio, existen muchas teorías valiosas y comprobadas sobre uno o más aspectos del proceso total de cambio, pero como ya lo dijo Bennis en 1969: ... no se tiene una teoría integrada del cambio organizacional que presente una serie de hipótesis y variables interrelacionadas... Sin embargo, y esto es más serio, en mi opinión, tampoco se tiene aún la tradición de ir agregando conocimientos a la teoría general de la práctica.

Se puede utilizar la concepción diagramática de una organización desde el punto de vista del interventor de organizaciones (IO). Describir a la organización total que existe dentro de un conjunto de condiciones ambientales que incluye limitaciones económicas, sociales, culturales, políticas y legales, así como a los clientes de la empresa y a los competidores es necesario para saber que herramientas de cambio utilizar. La organización puede ser concebida como compuesta por dos sistemas secundarios: a) el (o los) de personal, y b) el formal, integrado por tres componentes interactuantes: la tecnología, la estructura y el liderazgo dirección.

La interacción de estos componentes del sistema formal con el sistema o los sistemas de personal crea la conducta emergente. La suma de ésta se manifiesta como consecuencias conductuales (CC), si se prefiere, resultados. Aunque pueda parecer extraño, el IO examina primero las consecuencias conductuales cuando entra al sistema cliente.

Cuando el sistema cliente se acerca por primera vez al IO, podrá informarle implícitamente que "las cosas no andan bien en nuestra organización", el IO puede preguntar directamente: "¿Cómo está funcionando la organización?" Sin embargo, pedirá algo más que una respuesta casual, pues casi de inmediato necesitará, entre otras cosas, datos sólidos sobre producción, costos, calidad, ventas, crecimiento y desarrollo, así como hasta donde la situación del trabajador se manifiesta en ausentismo, frecuentes cambios actitudes y motivación y niveles de actividades. De esta manera se puede llegar a la pregunta ¿qué resultados está teniendo la organización en este momento? ¿Qué resultados se han tenido en otros períodos anteriores? y ¿qué podría obtenerse el futuro? ¿Qué metas y objetivos identifican a corto plazo, largo o medio? Más tarde se explorará en profundidad y, si fuera necesario, las volverá a definir. Una vez que el AC domina firmemente las metas y los resultados, ha llegado el momento de compararlos y contrastarlos. ¿Muestran armonía o no? Sí los resultados obtenidos concuerdan con las metas deseadas, en la mayoría de los casos no habrá necesidad de nada más cuando se encuentra tal estado de equilibrio. Por otra parte, si los resultados no coinciden con lo especificado por las metas de la organización formal, ese diagnóstico de desequilibrio pedirá que se analicen las causas de la incongruencia.

Cuando así lo pida el estado de desequilibrio, la acción inmediata será un análisis profundo. La pregunta funcional a este respecto es muy sencilla: ¿qué está ocurriendo? Dicho de un modo más científico, se parte de la premisa de que mucha de la conducta humana presente tiene como causa una miríada de variables en el lugar de trabajo. Aunque se encuentre fácil hacerlas identificables, algunas pueden permanecer ocultas a la administración.

Será necesario identificar y aislar cada variable. que parezca ejercer influencia sobre la conducta emergente en la organización que se está analizando. Para lograr esto se emplean cuestionarios, entrevistas, observación directa, fuentes secundarias, o cualquier combinación de, ellos. A final de cuentas, preferimos registrar la magnitud de cada variable con ayuda de una escala que varía de acuerdo con el tamaño y la complejidad de la organización.

Esos ordenamientos aportan la información necesaria para analizar el contorno del sistema formal (tecnología, estructura y estilos de liderazgo) y de los sistemas de personal, incluyendo todos aquellos factores componentes que constituyen cada una de esas categorías. En este punto, la información disponible nos permitiría formular una hipótesis de trabajo: si las variables en cuestión pidieran ser aproximadas a la norma propuesta por la bibliografía en algún momento subsecuente podemos alterar de manera considerable la conducta emergente. Además, podría ser que tal alteración haría que metas y resultados estuvieran más cerca del equilibrio que antes de iniciarse el intento de cambio. Por ello, si se necesita para iniciar la acción que metas y resultados están en desequilibrio.

Veamos en mayor detalle algunas de estas variables.

1. Sistema formal: tecnología. La primera variable que debe tenerse en cuenta es la tecnología de la organización. ¿De qué tipo es?, ¿cuál es su situación respecto a la industria como un todo?, ¿y respecto a otras industrias en el mismo campo de actividad? Entre las preguntas tradicionales se tiene: ¿es una tecnología moderna o anticuada?, ¿activa en el trabajo o en el capital?, ¿se

trata de un taller o de un proceso continuo?, ¿hay suciedad, calor, ruido, oscuridad o limpieza, frescor, tranquilidad y buena luz? Dicha tecnología ¿permite y fomenta la iniciativa? ¿Y la creatividad individual y el control sobre el destino propio?, ¿o crea la uniformidad a causa de un flujo programado rígido e inflexible? Las preguntas atingentes son casi infinitas cuando se estudia la tecnología, pues se encuentran en el fondo mismo de la organización.

La tecnología incluye aspectos tales como las herramientas, las máquinas, los métodos, los procesos, los programas, el diseño de trabajos, el flujo de trabajo y el ambiente de trabajo inmediato, por lo que algunos agentes de cambio abordan la tarea concentrándose en esos tipos de variables. Aunque suelen comentar otras variables causales, dichos AC terminan por intentar alterar la tecnología diciendo que tal es, realmente, la manera de modificar la conducta de los grupos de trabajo radical y duraderamente.

No hay duda de que cambiar la tecnología de una organización es de suma importancia para mejorar la conducta emergente. Por desgracia, gran parte de lo que llamamos tecnología implica un alto costo de instalación y se adquiere con la intención de utilizarla por muchos años. Ningún AC sensato propondría a la General Motors derribar todas sus plantas y comenzar de nuevo, porque, de no cambiar los otros aspectos, una tecnología distinta modificaría la conducta emergente, con lo que se tendrían metas y resultados más congruentes. De este modo, para poder confiar debidamente en el cambio de tecnología, será necesario esperar hasta que gran parte de ésta se gaste o hasta que un trastorno en el mercado obligue a reemplazos radicales. Fuera de esto, tendremos un enfoque gradual, que en muchos casos poco hará por mejorar la conducta.

2. Sistema formal: estructura. Ya suficientemente familiarizado con la tecnología, el IO querrá descubrir todo lo que pueda sobre la estructura de la organización formal. Entre las preguntas que deben hacerse están: ¿cuán grande es la organización?, ¿cuántos niveles de administración tiene?, ¿en qué grado está dividida en departamento?, ¿de qué tipo son las relaciones físico-espaciales?, ¿qué naturaleza tienen las relaciones de autoridad? Y en el sistema de control: ¿cómo se formulan y hacen cumplir las reglas?, ¿qué tipo de patrón burocrático representa gran parte de las reglas: falso, representativo o centrado en el castigo? ¿están las normas siendo consideradas sagradas e inviolables, o son estas conocidas para medir dónde se está hoy respecto al día anterior y al año pasado, al igual que mañana y el año próximo, a la misma altura? En la estructura de recompensa castigo, ¿se pone el énfasis en la recompensa o en el castigo? ¿sabe la gente con exactitud qué hacer para progresar?, ¿es equitativa la estructura? La red de comunicación existente ¿pasa la información de un modo exacto, en dos direcciones y tanto vertical como lateralmente?

Una suposición digna de notarse es que la estructura se encuentra, en gran medida, dirigida por la tecnología, lo que facilita mucho la tarea de dominar los detalles de delegar poder, manejar las reglas, aplicar las recompensas y los castigos utilizar las comunicaciones y aunque todas las estructuras son diferentes entre sí, las similitudes suelen sobreponerse a las diferencias. Así, aunque técnicamente sería incorrecto decir "cuando se ha visto la estructura de una fábrica de automóviles se han visto todas", la afirmación se acerca bastante a la verdad. Hay una probabilidad muy elevada de que, si se puede describir la tecnología con exactitud a un AC, a éste le será fácil predecir con exactitud la estructura sin haber visto la organización en sí.

Algunos IO se centran, de un modo casi exclusivo, en este campo cuando quieren introducir cambios. Aunque muy probablemente no nieguen que la tecnología suele imponer la estructura, no están dispuestos a seguir aceptando los resultados existentes hasta que algún acontecimiento futuro imponga un importante cambio en la tecnología en vez de ello, suelen indicar con toda razón que una o más organizaciones de otra industria abordan la formulación y aplicación de reglas de un modo diferente y, al parecer, con mejores resultados que la industria estudiada.

Entonces se dedican a trasplantar diferentes formas de sistemas de control, redes de comunicación, relaciones de autoridad formales, etcétera, en la estructura del sistema del cliente.

Esto tal vez haría mejorar las cosas; pero si se le saca del contexto del otro sistema total en su conjunto, bien pudiera no funcionar. Joan Woodward subraya notablemente este punto. El que las características, tecnología y buen éxito organizacionales estén unidos de tal manera, hace pensar que el sistema de producción no sólo es una variable importante en la delegación de la estructura organizacional, sino que, además, esa forma particular de organización es de lo más apropiado para cada sistema de producción. Por ejemplo, en la producción de unidades no sólo predominan pirámides cortas y de base relativamente ancha, sino que también parecen garantizar el buen éxito. Por otra parte, el proceso de producción parece requerir una pirámide más alta y de base más estrecha.

El que un trasplante ad hoc de un sistema a otro empeore las cosas es la razón de que estemos intentando una primera aproximación a un modelo teórico integrado. Esperamos que tal marco sistemático haga que el administrador o el IO consideren a la organización como un sistema total y puedan ver las ramificaciones surgidas de manejar las partes.

3. Sistema formal: estilo de liderazgo. Estilos de liderazgo es el tercer miembro de esta tríada que compone el sistema formal. El IO preguntará si, en general, la administración se atiene a un enfoque autocrático, democrático o de Laissez faire. Hemos encontrado útil emplear una de las muchas

taxonomías emanadas de las teorías X y Y de McGregor," como la de Blake y Mouton o la de Rensis Likert.

Además, como se puede tener el oasis de una teoría Y en medio del desierto de una teoría X, el AC necesita explorar los estilos de liderazgo en varias partes secundarias de la organización y a diferentes niveles. No hacer esto provocará conclusiones totalmente erróneas acerca de los estilos de liderazgo que se están empleando. Para asegurar la evaluación más exacta y completa posible, nuestro sistema consiste en entrevistar primero, de un modo oblicuo, a una cuantiosa muestra de empleados por hora y a superiores de distintos niveles, y después diseñar y aplicar un cuestionario, basado en los datos de las entrevistas, a una muestra mucho mayor y tomada al azar de empleados y supervisores. Hemos estado utilizando este enfoque con buen éxito considerable   desde 1984; conceptualmente llamamos a esto realizar una "auditoria conductual" o una "intervención en conducta"

Algunos IO se concentran también en introducir cambios en el sistema, alterando para ello los estilos de liderazgo. Pocas dudas hay sobre si esto ayuda o no. ¡Desde luego que ayuda! Sin embargo, hay casos que hacen reflexionar; pudiera resultar desastroso introducir un sistema democrático en el ejército o una toma de decisiones autocrática y centralizada en un laboratorio dedicado a la investigación básica y pura.

4. Sistema de personal. El IO debe recordar que cada individuo posee su sistema personal único, mismo que trae consigo cuando por primera vez llega a su trabajo. Aunque con el tiempo la tecnología, la estructura y el estilo de liderazgo pueden modificar tales sistemas personales, en teoría cada uno de esos es distinto de todos los demás.

A pesar de esa obvia desventaja, muchos IO dedican sus investigaciones y sus actividades exclusivamente a este aspecto. Aprovechan las diferencias individuales e intentan crear un clima en el que todos sean libres de ser ellos mismos y "hagan lo suyo". Dicho de un modo más académico, el objetivo está en crear un clima donde todos busquen satisfacer sus necesidades no colmadas, en base a que en el proceso de satisfacer sus necesidades individuales también cumplirán con las de la organización. La competencia interpersonal es la contraseña y los ingredientes incluyen: aceptar riesgos, estar dispuesto a confesarse y a dar y recibir una retroalimentación descriptiva no evaluativa.

Desde luego, vale la pena mejorar la competencia interpersonal, pues hará mejorar la salud y el bienestar personales y organizacionales; sin embargo, en sí, no comprendemos cómo pueda llevar el equilibrio entre metas y resultados en una organización con una tecnología rígida y sofocante, una estructura opresiva o un estilo de liderazgo a la Genghis Khan.

5. Factores o limitaciones ambientales. Aparte de los elementos internos de la organización examinados anteriormente, el AC debe investigar otro elemento: los factores o las limitaciones ambientales, muchos de los cuales están en la categoría de dados. Por ejemplo, si estamos planeando intervenir en un sistema cliente, que pertenece al sistema bancario de Tampa, Florida, sin duda que ya conoceremos muchos de los datos adecuados acerca del ambiente económico, político, legal, social y cultural que ahí prevalece. Podemos o no saber lo suficiente sobre algunas de las limitaciones que se tienen con clientes, competidores, proveedores, transportistas, etc.; sin embargo, si fuéramos a Japón, bien haríamos en analizar profundamente las limitaciones ambientales y de otro tipo existentes.

Para algunos IO, los factores ambientales son el ingrediente más importante en que hay que concentrarse para inducir cambios. Dicho de un nodo sumamente sencillo, si se promulga una ley mediante la cual exige a la compañía y al sindicato dedicarse (de buena fe) a elaborar un contrato colectivo o si se eligen personas de distintos partidos políticos para que dirijan el gobierno, el hecho de haber realizado tal cosa asegurará que se logren los resultados buscados.

Es imposible negar que tal enfoque provoque cambios. Todos lo hemos visto suceder, aunque no muy a menudo. Es sensato suponer que, a finales de la década de 1960, parte de la inquietud de los jóvenes y de su inconformidad con trabajar desde dentro del sistema para lograr cambios, empleando los llamados canales normales mediante procedimientos ya evaluados por la experiencia, puede ser resultado de que se hayan dado, cuenta de cuánto tiempo toma esto, cuán Imperfecto llega a ser el proceso y cuán difícil es lograr el buen éxito.

A.   INSTRUMENTOS DE ANÁLISIS

Habiendo completado la etapa de análisis consistente en reunir datos, el IO se encuentra listo para inicias el análisis propiamente dicho. Ha resultado útil emplear al principio términos teóricos que Whyte llama "instrumentos de análisis": símbolos, sentimientos, normas, actividades e interacciones. Daremos en esencia la definición de tales términos.

1. Símbolos. Son ante todo palabras u objetos físicos que representan relaciones: a) de un hombre con otro, b) de un hombre y el mundo físico, y c) entre un hombre y objetos físicos y otros hombres. Como ejemplos, se tienen las banderas, el gorro de un cocinero, las estrellas de un general, el amor, la paz, la fraternidad, etc.

2. Sentimientos y normas. No existe diferencia alguna entre sentimientos y actitudes, que se refieren a emociones que una persona siente por otra o por alguna organización, el departamento donde trabaja, etc. Los sentimientos se expresan con frases como un lugar de trabajo muy agradable, la administración se preocupa por nosotros, etc.

Whyte emplea las normas como categorías secundarias de los sentimientos. Representan los tipos de conducta que se exigen a los miembros de un grupo.

3. Actividades. De manera simple, son todas las cosas físicamente observables que la gente realiza.

4. Interacciones. Este término abarca todos los contactos interpersonales.

El propósito de los instrumentos descritos es ayudar a responder a muchas preguntas funcionales básicas como: ¿quién va a donde, por qué, ¿cómo, qué, quién, cuándo?

B.   ENFOQUES DEL CAMBIO

En este apartado forma parte de una búsqueda de perspectiva respecto a las organizaciones complejas. Los enfoques del cambio proporcionan una especie de sutil caricatura de las creencias y los prejuicios que sirven de base a importantes dimensiones de las organizaciones. Por ello, quizá permitan penetrar en aquellas diferencias reales o aparentes que existen entre las perspectivas aplicadas a la teoría organizacional.

Para clasificar varios enfoques importantes aplicados al cambio, nos ha resultado útil, primero, considerar a las organizaciones como sistemas multivariados, en que sobresalen en especial cuatro variables interactuantes: la tarea, la estructura, la tecnología y los actores (por lo general personas).

Hablando en términos generales, "tarea" significa las *raison, detre* organizacionales: la manufactura, los servicios, etc., incluyéndose aquí el gran número de tareas secundarias diferentes, pero funcionalmente importantes, que existen en las organizaciones complejas. Por "actores", queremos decir gran parte de las personas, pero aclarando que los actos realizados generalmente por las personas no quedan sólo en el dominio humano.

Por "tecnología", entendemos los instrumentos técnicos, inventos para resolver problemas, de tipo mediciones del trabajo, computadoras o taladradoras. Nótese que en esta categoría estamos incluyendo tanto máquinas como programas, pero expresando ciertas dudas respecto a la línea que divide a la estructura de la tecnología. Finalmente, por "estructura" queremos decir los sistemas de comunicación, los de autoridad (u otros papeles) y los de flujo de trabajo.

Los cuatro son muy interdependientes, de modo que un cambio en uno de ellos provocará casi de seguro un cambio compensatorio en los otros; por ende, cuando se examine el cambio organizacional, daremos por hecho que se está tratando de cambiar una o más de esas variables. En algunas ocasiones se intentará cambiar una como un fin en sí, y a veces como mecanismo para realizar algunos cambios en una o más de las otras.

Así, por ejemplo, un cambio estructural respecto a la descentralización hará que cambie la ejecución de ciertas tareas organizacionales (e incluso la elección de tareas); la tecnología que se emplee (por ejemplo, cambios en los sistemas de contabilidad); y la naturaleza, número, motivación y actitudes de las personas participantes en la organización. Cualquiera de esos cambios puede haber sido conscientemente realizado o ser resultado imprevisto, y a menudo molesto, de los esfuerzos por cambiar sólo una o dos de las variables.

Asimismo, introducir nuevos instrumentos tecnológicos, por ejemplo, computadora, provocará cambios en la estructura (digamos, en la forma de comunicación o en el mapa de toma de decisiones de la organización), en las personas (en su número, su habilidad, sus actitudes, sus actividades) y en la ejecución de la tarea e incluso en la definición de la misma, ya que ahora las tareas son posibles de realizar por primera vez.

Cabe suponer que los cambios ocurridos en las personas y en las variables de la tarea se ramifiquen por todo el sistema y causen cambios similares en otras variables.

Podemos pasar ahora al punto central de nuestro capítulo: a categorizar y evaluar varios enfoques del cambio organizacional, mismos que se diferencian notablemente por lo que subrayan y por el modo en que ordenan las cuatro variables.

Resulta evidente que gran parte de los esfuerzos por lograr un cambio surjan de las personas, de la tecnología, de la estructura o de la tarea pronto se ven obligados a tener en cuenta los otros. Los relatores humanos deben inventar expedientes técnicos para llevar a la práctica las ideas y evaluar estructuras alternas, clasificando algunas como consonantes y otras como disonantes respecto a sus puntos de vista sobre el mundo.

Todos parten de distintos enfoques del cambio organizacional, y utilizan diferentes técnicas, pero debemos admitir que existe considerable interés en mejorar las soluciones dadas a las intervenciones. Mientras unos de los enfoques técnicos atienden casi exclusivamente a la calidad de las decisiones o a las soluciones de la tarea están igual de interesados en otros enfoques que tienen a las personas como centro de su atención.

Los esfuerzos para mejorar la ejecución organizacional por medio del mejoramiento de la estructura. Se trata de enfoques deductivos que realizan su análisis de la tarea retrospectivamente, hasta las divisiones de trabajo o los sistemas de autoridad adecuados. Esos primeros enfoques estructurales casi siempre mediaban sus actividades incluyendo de las personas a la tarea. Se mejoraba la ejecución de la tarea aclarando y definiendo los trabajos de las personas y creando entre esos trabajos adecuadas relaciones. Funcionalmente, el interés estaba en modificar los límites de control, en definir las zonas de responsabilidad y autoridad que no se sobreponían y en definir lógicamente las funciones necesarias.

En retrospectiva, gran parte de nosotros considera a esos primeros enfoques como abstracciones, formales o legales, pobremente sustentados en datos empíricos. Además, resultaban increíblemente inocentes respecto a las deducciones que hacían de la conducta humana.

La idea de la descentralización es un segundo enfoque, muy diseminado, del cambio estructural, afín al anterior y un tanto más moderno y sutil, aunque también menos amplio. La idea de cambiar la organización descentralizando la estructura, fue probablemente más invención de los contadores que de nadie más, aunque de inmediato la avalaron los estructuralistas y los relatores humanos. Casi nadie está contra ella. No hace mucho tiempo, oí al dirigente de una de las firmas asesoras más grandes de los Estados Unidos, recordarles a sus ayudantes que la compañía se fundaba en "el sólido principio de la descentralización".

La descentralización afecta la ejecución de las tareas porque, en parte, afecta a las personas. Al crearse centros que obtienen beneficios, cabe suponer que se incrementó la motivación y la conducta orientada a metas de los administradores locales. También se gana flexibilidad, de modo que hay mayores posibilidades de variar la tecnología para adecuarla a las diferentes tareas de las distintas unidades descentralizadas; ocurre lo mismo con las variaciones secundarias en la estructura y con las variaciones locales en el empleo de personas. Se puede considerar a la descentralización como un mecanismo para cambiar a las organizaciones a un nivel meta, proporcionándoles autonomía local que les permita realizar cambios adicionales. De este modo, dentro de ciertos límites, las unidades descentralizadas pueden irse cambiando a sí mismas, empleando para ello cualquiera de las alternativas disponibles; quizá por esta razón, ningún grupo la ha cuestionado, por lo menos hasta hace pocos años.

Recientemente han surgido otros dos enfoques estructurales, que aún no han tenido amplia difusión. A uno lo representan muy bien Chapple y Sayles, quienes emplean una especie de ingeniería social encaminada a la tarea, pero pasando por las personas. Intentan modificar la conducta de la gente para con ello mejorar la realización de la tarea, pero lo hacen modificando la estructura, en este caso el flujo de trabajo. Basándose en la antropología aplicada, afirman que, al planearse los flujos de trabajo y los grupos de especialización, se afectará directamente a la moral, la conducta y el rendimiento de los empleados. De acuerdo con estos especialistas, una de las fallas de los primeros modelos estructurales fue que el flujo del trabajo quedaba determinado, casi en su totalidad, por las variables técnicas, sin que se tuvieran en cuenta las variables sociales humanas. Como ejemplos, presentaron casos de un adecuado rediseño del trabajo, en un sentido de ingeniería social, que afecta a la vez a las actitudes humanas y al rendimiento.

En este examen no podemos pasar por alto las consecuencias originadas por un nuevo enfoque: las investigaciones realizadas sobre las redes de comunicación. No conocemos ninguna aplicación directa de esas investigaciones de laboratorio al mundo real, aunque sí han ejercido alguna influencia indirecta sobre el planteamiento estructural. En estas investigaciones, las variaciones realizadas en las redes de comunicación afectan mucho tanto a la ejecución de tareas rutinarias, como a la novedosa. Los resultados hacen pensar que las adecuadas estructuras de comunicación pueden variar considerablemente dentro de una organización compleja, dependiendo esto del tipo de tarea a que se dedique cualquier unidad secundaria de la organización. Así, cuando se trata de tareas repetitivas sumamente programadas, parecen dar los mejores resultados las estructuras de comunicación muy centralizadas, aunque con cierto costo en lo humano.

Si se trata de tareas nuevas y mal estructuradas aún, parecen rendir con mayor efectividad redes de comunicación más abiertas, con mayor número de canales y menos diferencias entre los miembros de trabajo, y no presentaba ningún aspecto deductivo abstracto de los enfoques estructurales. Desde la programación clásica de labores hecha por Schmidt, hasta las formas más sutiles de medición y análisis del trabajo de las décadas ulteriores, pasando por el manejo de lingotes de hierro hecho en Bethlehem por inmigrantes, el taylorismo ha constituido una fuerza significativa, dada su influencia sobre la realización de tareas en las organizaciones de todo el mundo.

Sin penetrar más en la esencia de esos enfoques tecnológicos recientes, vale la pena indicar otra característica que comparten con muchos de sus predecesores: una especie de fe en la victoria final de las mejores soluciones a los problemas sobre las menos buenas. Los especialistas en cambios orientados a las personas suelen considerar a esta fe como provista de inocencia total, respecto a la naturaleza del hombre. La atribuyen a una fijación prefreudiana en la racionalidad, a no entender que la aceptación de ideas por parte del ser humano es la verdadera productora de cambios y que el verdadero obstáculo está en la resistencia emocional de las personas. Como pruebas presentan una lista monótonamente larga de casos en que las innovaciones tecnológicas, los cambios de método y las técnicas de investigación de operaciones han fracasado al no tener en cuenta el lado humano de la aventura. Afirman que no se adoptan las soluciones lógicamente mejores, sino las más aplicables, las humanamente más aceptables. A menos que se espabilen, los nuevos tecnólogos terminarán miserablemente aislados en lo social, como sus predecesores, los infelices ingenieros industriales.

C.   LOS ENFOQUES A LAS PERSONAS

Estos enfoques intentan hacer cambiar el mundo organizacional mediante el cambio de la conducta de los actores que participan en la organización. Se afirma que al cambiar a las personas se logrará la invención imaginativa de nuevos instrumentos o que se modifiquen las estructuras (en especial las de poder). Por uno u otro de esos medios, cambiar a las personas hará que cambien las soluciones dadas a las tareas y la ejecución de estas últimas, así como el crecimiento y las satisfacciones el ser humano.

El hombre de mañana y los complejos valores humanos

Los emergentes valores humanos ayudarán a los gerentes de hoy a desarrollar una nueva organización que se adapte a "la variedad humana". Bugental y Otto, pioneros del enfoque que en esta década se enriqueció, vieron la posibilidad de desarrollar un nuevo tipo de hombre para la sociedad del mañana, mientras que Schein estudia los valores viejos y los nuevos que hay en las organizaciones complejas y modernas. Las escuelas, de organización y teoría de la administración, de la administración científica y de las relaciones humanas ejercieron mucha influencia en el pensamiento moderno, especialmente en la profesionalización de la gerencia; sin embargo, han quedado planteadas muchas cuestiones exploratorias, dirigidas a suposiciones que sirven de base a esas escuelas; supuestos acerca de la naturaleza del hombre y del modo adecuado de emplear a éste en las organizaciones.

Inevitablemente, lo complejo de las grandes organizaciones presenta un dilema entre el control de las funciones, por una parte, y por otra, los conocimientos que de las aspiraciones humanas tiene la gerencia. Y esto es cierto, no importa cuán bien intencionada se muestre la gerencia. Katz y Kahn lo han expresado muy bien: Las propiedades características de las estructuras burocráticas... son responsables de algunos de los principales dilemas de nuestra sociedad; en primer lugar, la dinámica de maximización y su impulso hacia el crecimiento organizacional permitieron una vida material más rica y crearon las grandes empresas y la pesadilla de la totalidad; en segundo lugar, que como un recurso racional para manejar todos los problemas ha permitido cierta eficiencia, pero a costa de empobrecer las relaciones personales y de perder la identidad de sí mismo.

Anteriores escuelas de pensamiento administrativo suponían a los individuos motivados por las recompensas extrínsecas de una naturaleza económica o social; como base de esas suposiciones estaba la convicción del hombre se adapta a su ambiente; prestándose poca consideración a la naturaleza existencias y humanista del hombre o la forma en que a éste adapta la realidad a la situación propia y al concepto de sí mismo. Cuando se menciona la naturaleza existencial y humanista del hombre no se tiene mucho en modos de pensar tipificados por Kierkegaard, Jaspers, Heidegger, Camus y Sartre, pues los puntos de vista de estos autores son, a lo más, marginalmente optimistas y, por el lado negativo, nihilistas; Camus está obsesionado por la muerte, mientras que Sartre no cree en las posibilidades sugeridas por las experiencias humanas culminantes.

Los nuevos puntos de vista sobre el hombre, introducidos por los psicólogos humanistas y existencialistas del siglo pasado, consideran a la naturaleza humana tal y como puede llegar a ser en lugar de expresar el punto de vista negativo sobre el hombre, tan común en el pasado. Maslow, Bugental, Jourard, Rogers, Frankl, Cantril, Otto y muchos otros han reconocido la necesidad de comprender al individuo saludable, capaz de logro y de realización; hacen hincapié en el punto de vista optimista de que el hombre es potencialmente creador e innovador; por ejemplo, Maslow caracteriza a su "hombre autorrealizante" como una persona con un elevado nivel de aceptación de sí mismo y de otros, una "percepción superior de la realidad", franco, con la capacidad para apreciar y la habilidad de un estadista para tomar un punto de vista respecto al mundo, sentirse parte de la raza humana y manifestar independencia. Si se agregara otra dimensión al hombre autorrealizado, sería la capacidad de crear, que es distinta al concepto de espontaneidad de Maslow.

No todos los individuos tienen verdadera capacidad creadora, pero la autorrealización liberará el talento del individuo y descubrirá capacidades cuya existencia no se sospechaba. Sabemos que muchas de nuestras instituciones sociales y culturales ahogan la capacidad de creación y la innovación, pero gran parte de las organizaciones ignoran lo que se puede hacer para fomentar esas cualidades. Otto considera que la capacidad de creación del hombre podría muy bien ser infinita y se pregunta cómo aprender a desarrollar y utilizar esas capacidades cuando "un condicionamiento negativo" limita nuestra confianza y nuestro enfoque de la vida.

Describir al "hombre del futuro" es una tarea difícil que muchos intelectuales rehúsan intentar, en parte porque les interesan más las experiencias históricas de los seres humanos y en parte porque creen que el futuro del hombre tan sólo es un factor del pasado; por otra parte, algunos psicólogos humanistas han comenzado a analizar al hombre futuro, a percibirlo, a comprender qué consecuencias producirá y a formarlo mediante ajustes en las prácticas y supuestos de hoy día.

De hecho, se puede modelar al hombre del mañana, ya que el ser humano es modificable. Bugental sostiene que el hombre tiene constantemente nuevas experiencias y que por lo regular aprende y cambia.

El hombre tiene experiencias internas y está consciente de ellas, y también amplía sus metas y valores. Otto penetra mucho en las posibilidades de desarrollar continuamente las potencialidades humanas y sugiere que el hombre de hoy está utilizando ¡menos del 15% de su propia capacidad!

La imagen positiva del futuro humano realza la posibilidad de que el hombre cree para sí nuevos ambientes; el individuo lo hace cuando se enfrenta a sus necesidades cambiando sus circunstancias y cuando en una organización el individuo no logra tal satisfacción, se inclinará por buscar alternativas que le permitan lograr lo que él considera "realista" para sí y lo que piense que otros desean. El hombre tiende a descubrir posibilidades para satisfacer sus metas dentro de los límites de libertad y elección de que dispone.

Schein estudia lo complejo de las motivaciones y de los valores humanos y considera al hombre una criatura compleja que tiene muchos motivos para llegar a experiencias económicas, sociales y de autorrealización. En las organizaciones complejas el hombre busca incentivos extrínsecos e intrínsecos. Para muchos empleados sigue siendo atractiva la recompensa económica-racional; por otra parte, también están surgiendo nuevos valores, como la autorrealización. Esos elementos cambiantes de la necesidad y el valor humanos hacen pensar que un desarrollo organizacional efectivo debe incluir una serie de valores relacionados con la naturaleza compleja del hombre. De poderse establecer organizaciones que propicien la formación de individuos creadores, autorrealizantes y responsables, cuyo valor sea fácil de ver en relación con los criterios que se han sugerido para la efectividad organizacional, hay esperanza de poder lograr el "hombre del mañana".

El hecho de modelar a tal hombre en la organización de hoy día plantea desafíos al individuo y a la gerencia. La organización contemporánea incluye todo el espectro de experiencias humanas complejas y ricas a las que puede aplicarse, en el proceso administrativo, esas nuevas formas humanistas y existencialistas de pensar. No sólo deben hallarse modos de ajustar al individuo diferente, sino que debe fomentarse en éste el ser diferente, logrando su "yo épico", en el sentido que le daba Bertolt Brecht, según el cual el hombre épico amplía constantemente sus horizontes, cambia su forma de vida y avanza por caminos innovadores y de renovación. Hemos de apreciar a este hombre y aceptar esa diversidad como necesaria para satisfacer la creciente tasa de cambio que de encarar las organizaciones y la sociedad del mañana.

Cuando se examinan estos enfoques, de inmediato sorprende el hecho de que la bibliografía directamente relacionada con el cambio organizacional se encuentra en gran medida orientada a las personas, descuidando el entorno, los procesos, la estructura y la tecnología. Esta tendencia a enfocar el proceso de cambio en sí constituye uno de los rasgos distintivos principales de los enfoques a las personas característicos de los setenta y ochenta.

Por su parte, los enfoques tecnológicos y estructurales tienden a enfocar la solución de problemas, sin atender a los microprocesos que permiten generar y adoptar nuevas técnicas para resolver problemas. Históricamente hablando, los enfoques a las personas han pasado por dos fases al menos. La primera era, ante todo, manipuladora y respondía a la vieja y sugerente pregunta "¿Cómo lograr que las personas hagan lo que deseamos y sean más eficaces?"

Aunque muchos de nosotros identifiquemos tales preguntas con personas un tanto ajenas al campo, en gran parte de las primeras investigaciones realizadas (inmediatamente después de la Segunda Guerra Mundial) por científicos sociales respecto a "cómo vencer la resistencia al cambio" se manejaban las mismas cuestiones.

Gran parte de lo realizado después de la Segunda Guerra Mundial respecto a "vencer la resistencia al cambio" seguía respondiendo a la misma cuestión de la manipulación. Por ejemplo, considérese el ya clásico trabajo de Kurt Lewin y sus asociados sobre cómo cambiar los hábitos alimenticios o la ulterior investigación industrial realizada por Coch y French. En ambos casos, A se dedica a lograr en la conducta de B un cambio predeterminado. Lewin se propuso hacer que las amas de casa compraran y consumieran mayor variedad de carnes un problema de ventas. Coch y French se propusieron que los trabajadores de una fábrica realizaran cambios y retroalimentaron a los trabajadores con datos anónimos sumados, de modo que los grupos de poder fueran capaces de modificar la conducta propia. Pero el anonimato mismo del proceso representaba una aceptación del poder existente.

Por ello, cabría esperar que en la segunda década del tercer milenio el siguiente paso en el desarrollo de los enfoques en las personas consistiera en manejar la variable de poder y retos. También es obvio que el movimiento buscaría la igualdad, más que la diferenciación de poderes. Tanto las bases teóricas como los valores existentes y los resultados de las investigaciones indican tal dirección.

No obstante, aunque sucedió así, fue de una manera complicada y en gran medida implícita. Gran parte del impulso vino de trabajar con individuos y con grupos pequeños, extrapolándose luego los resultados a las organizaciones. Han sido elementos primarios de esto la terapia centrada en el cliente, los grupos de entrenamiento y sensibilización y la dinámica de grupos aplicada. En estos casos, tanto la teoría como la técnica explícitamente buscaban dar igual poder a los sujetos de cambio, hecho de considerable importancia en el ulterior desarrollo de aforismos para el cambio organizacional.

Carl Rogers describe en los años 80s su modo de ver el asesoramiento y la terapia: este enfoque se diferencia del anterior en que tiene una meta genuinamente distinta, pues busca directamente mayor independencia e integración del individuo, en vez de confiar en que se tendrán tales resultados cuando el jefe ayude a resolver el problema. El foco es el individuo, no en el problema. No se intenta resolver un problema particular, sino ayudar a que el individuo crezca.

A nivel de grupo hoy está sucediendo un desarrollo comparable, es decir: la creación del grupo T (del inglés Training, adiestramiento) o grupo de adiestramiento por sensibilización o de desarrollo. El grupo T es el principal instrumento de los programas que intentan enseñar a las personas cómo dirigir y cambiar grupos. También se ha convertido en el instrumento principal del cambio organizacional efectivo. Los líderes de los grupos T procuran realizar cambios en sus grupos, adoptando para ello papeles sumamente permisivos, no autoritarios y en ocasiones hasta de no participación, con lo que fomentan en los miembros del grupo no sólo la resolución de los problemas propios, sino también su definición.

De acuerdo a cómo se le define en la terminología de la profesión, el líder del grupo T se vuelve una "persona" que conscientemente no está intentando lograr un conjunto sustantivo de cambios, sino sólo cambiar los procesos de grupo, pues esto a su vez generará cambios sustantivos. Aunque el grupo T es un instrumento, una pieza de tecnología, un invento, lo incluimos aquí y no en los enfoques de instrumentos, porque surgió de los enfoques de persona como mecanismo diseñado específicamente para lograr cambios en las personas.

El hombre complejo en la organización compleja

Hoy la teoría de la organización y la administración ha tendido a aceptar concepciones simplificadas y generalizadas sobre el hombre. De manera constante, las investigaciones empíricas han hallado algunas pruebas en apoyo de esta sencilla concepción generalizada; pero sólo algunas; por tanto, la consecuencia mayor de muchas décadas de investigación reside en que se hayan complicado enormemente nuestros modelos de hombre, de organización y de estrategias de administración. Individualmente, el hombre es más complejo que el de tipo racional- económico, el social o el de autorrealización. Y no sólo resulta más complejo dentro de sí mismo, ya que es dueño de muchas necesidades y potenciales, sino que probablemente también se diferencia del vecino, por su pauta de complejidad.

Siempre ha resultado difícil generalizar respecto al hombre y ahora cada vez se va volviendo más difícil, según la sociedad y las organizaciones dentro de ésta ganan en complejidad y se diferencian entre sí. Ya sea que hablemos de la Generación X, los Yuppies, la Generación Y, o los Milennials, cada integrante de esos grupos tiene diferentes expectativas en el trabajo y los factores motivantes también son diferentes.

¿Qué suposiciones aceptar, que hagan justicia a tal complejidad?

1. El hombre no sólo es complejo, sino sumamente variable; tiene muchos motivos que se encuentran ordenados en algún tipo de jerarquía de importancia para él, aunque tal jerarquía está sujeta al cambio de cuando en cuando y de situación en situación; además, esos motivos interactúan y se combinan en complejas pautas (puesto que el dinero puede facilitar la autorrealización, para algunas personas las luchas económicas equivalen a la autorrealización misma).

2. El hombre es capaz de aprender nuevos motivos mediante sus experiencias organizacionales; de aquí que, en última instancia, su pauta de motivación y el contrato psicológico que establece con la entidad sean resultado de una interacción compleja entre necesidades iniciales y experiencias organizacionales.

3. Los motivos del hombre pueden resultar diferentes en organizaciones indiferentes o en subpartes diferentes de la misma organización. La persona alienada en la organización formal hallará que se satisfacen sus necesidades sociales y de autorrealización en el sindicato o en la organización informal. Si el trabajo en sí resulta complejo, como en el caso de un gerente, algunas partes de este atraerán unos motivos y para otras, serán motivos diferentes.

4. El hombre puede comprometerse productivamente con la organización en base a tipos diferentes de motivos; su satisfacción y la efectividad finales de su organización sólo en parte dependerán de la naturaleza de su motivación. La naturaleza de la tarea por realizar, las habilidades y la experiencia de la persona encargada del trabajo y la naturaleza de los otros individuos que pertenecen a la organización interactúan para producir cierto esquema de trabajo y ciertos sentimientos; por ejemplo, un trabajador sumamente calificado, pero pobremente motivado, será tan efectivo y se sentirá tan satisfecho como uno muy falto de calificación, pero sumamente motivado.

5. El hombre puede responder a muchos tipos diferentes de estrategias gerenciales, lo que dependerá de sus motivos y capacidades propios y de la naturaleza de la tarea; en otras palabras, no existe una estrategia gerencial correcta que sirva para todos los hombres en todos los momentos.

Si las suposiciones arriba ofrecidas se aproximan más a la realidad empírica que otras, ¿qué consecuencias tendrán para la estrategia gerencial? Quizá la consecuencia más importante esté en que el dirigente de éxito debe saber hacer diagnósticos y valorar el espíritu de investigación. Si las habilidades y los motivos de la gente a su mando varían tanto, ha de poseer la sensibilidad y la capacidad de diagnóstico que le permitan captar y apreciar esas diferencias. En segundo lugar, antes que considerar la existencia de diferencias como una verdad dolorosa que es necesario poner aparte, también debe aprender a valorarlas y a valorar el proceso de diagnóstico empleado para revelar dichas diferencias.

Finalmente debe tener la flexibilidad personal y la gama de habilidades necesarias para variar la conducta propia; si las necesidades y motivos de sus subordinados son diferentes, ha de tratarlos de modo diferente.

Es importante reconocer que esos puntos no contradicen a ninguna de las estrategias anteriormente citadas; no estamos diciendo que sea erróneo atenerse a los principios de organización tradicionales, centrarse en el empleado o facilitar el trabajo de los subordinados; decimos que cualquiera de esos enfoques puede resultar equivocado en algunas situaciones y con algunas personas. El error ha estado en sobresimplificar y en sobre generalizar.

Robert Blauner halló pruebas de pautas de alienación muy diferentes, que dependían de la naturaleza de la tecnología usada en el trabajo. Definió la alienación como resultado de cuatro estados psicológicos diferentes, en principio independientes entre sí: a) sensación de impotencia o de incapacidad para influir sobre la situación de trabajo; b) el trabajo pierde significado; c) sensación de aislamiento social, falta de sensación de pertenecer a una organización, un grupo de trabajo o a un grupo ocupacional; d) auto alienación, o sentir que el trabajo es sencillamente un medio hacia un fin; falta de compenetración con el trabajo.

Se descubrió que los obreros que trabajaban en la línea de ensamble de automóviles estaban alienados de acuerdo con los cuatro criterios mencionados; al otro extremo se hallaban los trabajadores de imprentas, quienes sentían influir en su trabajo, captaban un significado en el mismo, se veían integrados al grupo ocupacional y se compenetraban mucho con su labor. Los obreros textiles se parecían mucho a los de la rama automovilística, pero estaban muy integrados en comunidades, las que por medio de valores tradicionales les enseñaban a no esperar que pudieran influir en su trabajo o encontrarle significado.

Esos valores, en combinación con prácticas paternalistas de gerencia, los hacían sentir razonablemente satisfechos con su suerte, a pesar de que vigorosas fuerzas los empujaban a la alienación. El cuarto grupo, de trabajadores químicos, representaba una pauta más: debido a que los procesos continuos que había en esas plantas tendían a estar sumamente automatizados, los trabajadores tenían mucha responsabilidad en el control del proceso, considerables autonomía y libertad, una honda sensación de estar integrados con los otros de su turno y de la planta, y una elevada dedicación al trabajo debido a esa gran responsabilidad.

La variación existente en esos cuatro tipos de trabajadores ejemplifica el peligro de generalizar sobre la enajenación entre obreros fabriles, y lo útil que es tener conceptos de alienación y tecnología más refinados, como los que elaboró Blauner.

Bennis, Benne y Chinn específicamente establecen que son la igualación del poder (IP) como uno de los rasgos distintivos del proceso de colaboración deseada, que define la conducta de cambio planeado: "Una distribución del poder que el cliente y el agente de cambio tienen oportunidades iguales, o casi iguales, de influencia" es parte de la definición. De cualquier modo, la igualación de poder se ha vuelto una idea clave los enfoques de persona, y es el primer paso en la cadena causa teórica que derivará al cambio organizacional.

Ha servido como meta secundaria un antecedente necesario del cambio creador en la estructura, la tecnología, el resolver tareas y el llevarlas a cabo. Aunque no se han marcado las distancias, no hay falta de claridad respecto a la dirección: resulta mejor una distribución del poder más justa.

Vale la pena indicar que las técnicas para volver a distribuir el poder, modelos, técnicas de igualación del poder técnicas como el asesoramiento y el adiestramiento en grupo T. Por ello, Lippitt y otros, y Bennis y otros subrayan mucho la necesidad de colaboración entre quien efectúa el cambio y quien lo recibe para que pueda haber cambio. Pero es comprensible que ni esos autores ni gran parte de quienes trabajan en la igualación del poder hayan investigado seriamente la posibilidad de que sea factible volver a distribuir el poder unilateral o autoritariamente (por ejemplo, al crearse centros de ganancia en una gran firma comercial o por medio de la coerción). Si se examinan algunas de las variables principales de la conducta organizacional, se verá con rapidez que los enfoques para igualar el poder producen resultados muy diferentes a los obtenidos por los enfoques estructurales o tecnológicos.

Por ello, en los modelos IP se eleva al máximo la comunicación. Cuantos más canales haya, mejor será; cuanta menos filtración, mejor; cuanta más retroalimentación, mejor. Y todo esto porque el poder quedará distribuido más equitativamente y será mayor la validez de la información, así como más intenso el compromiso con las metas organizacional

Contrástese estos puntos de vista con los anteriores modelos estructurales, que piden líneas de comunicación, pero limitada, jamás complicadas, y que no desean que ocurra una transformación afectiva y, por tanto, ajena a la tarea. Además, contrastan mucho con algunos enfoques técnicos hoy día, que buscan flujos de información óptimos bastante menores que flujos al máximo.

Los modelos IP enfocan gran parte de su atención en cuestiones de presión, cohesión y conformidad en el grupo. Cuanta mayor cohesión haya, mejor será, pues ésta lleva al compromiso; cuanto más amplías sean las normas del grupo mayor será la participación; y cuanto más apoyo del grupo, más libertad sentirá el individuo para expresar su individualidad.

Desde luego, se trata de cuestiones muy en boga. Pero como factores de cambio han sido omitidos casi por completo por los modelos técnicos y gran parte de los estructurales. Dada su fe en que se reconocerán las mejores soluciones y su perspectiva macroscópica, al menos hasta hace muy poco, los modelos técnicos y estructurales no se interesaban por las cuestiones de la emotividad y la irracionalidad humanas. De enfocarlas, lo harían como fuentes menores de interferencia en el surgimiento de la verdad.

Las aportaciones analizadas sugieren que las organizaciones del mañana presentarán en verdad "nuevas dimensiones", incluyendo la capacidad de formular metas organizacionales más amplias y de lidiar los varios problemas sociales que surgen hoy día de los fenómenos organizacionales.

Se advierte que conocemos mucho sobre la naturaleza del hombre y que, según usemos esos conocimientos, el hombre – dentro – de - la- organización se volverá una persona más realizada, y total. Esto promete llevar más energías creadoras a las actividades de grupo, organizacionales y societales, condición que permitirá realizar muchas posibilidades que hoy día sólo son planes.

La interacción y la comunicación con otros constituyen una dimensión de esa acrecentada capacidad humana. Se han elaborado y refinado muchas posibilidades de mejorar la capacidad del hombre para relacionarse con sus iguales. Las nuevas organizaciones, al hacer menos hincapié en el formalismo, darán cada vez más importancia y valor a esta cualidad.

Finalmente, en las futuras organizaciones será una dimensión importante el comprender la necesidad de relacionarse íntimamente con el ambiente, de captar sus necesidades y cambios y de tener, dentro de la organización, una capacidad sumamente desarrollada para el cambio y la innovación, de modo que convivan en armonía organización y medio. En el futuro, la supervivencia de las organizaciones estará atada directamente a esta capacidad adaptativa.

Está claro que muchos modos actuales de hacer las cosas resultan inapropiados e inadecuados para enfrentar los desafíos del mañana. A fin de que se resuelvan satisfactoriamente los problemas complejos será necesario cambiar y revisar a fondo las organizaciones de hoy. Sabemos que ninguna persona puede desarrollar sus potencialidades ni mostrarse en verdad innovadora y creadora si los ambientes organizacionales en que participa no le proporcionan climas favorables. Cuando se intenta diseñar una nueva organización que maneje ambientes cambiantes, deben tenerse en cuenta las nuevas dimensiones que se han presentado en esta sección. Se dedica la tercera parte a la cuestión de cómo aplicar varias teorías para explicar varias dimensiones organizacionales y en qué son importantes esas dimensiones para el proceso de cambio.

II. LA AUTOPOIESIS: LA LOGICA DE LOS SISTEMAS DE AUTOPRODUCCION

Existen muchos lugares para buscar las nuevas respuestas en un tiempo de cambio de paradigmas. En esta orientación se regresa al cuestionamiento y las bases que proporcionan las ciencias naturales.

En este apartado examinaremos las bases conceptuales de la primera de las teoría que se opone a las formulaciones tradicionales que plantean la idea de que el cambio es originado por el entorno y la organización se considera típicamente como un sistema abierto en constante interacción con su contexto, transformando las entradas (inputs) en salidas (outputs) como un medio de crear las condiciones necesarias para sobrevivir y adaptarse.

Las organizaciones actuales en su mayoría fueron diseñadas bajo la influencia de las imágenes newtonianas del universo. Se manejan las cosas separándolas en partes, pensando que la influencia ocurre como resultado directo de una fuerza ejercida de una persona hacia otra, nos involucramos en una planeación compleja de planeación para un mundo que consideramos predecible y buscamos continuamente los mejores métodos para percibir objetivamente el mundo. Estos supuestos provienen del siglo XVII de la mecánica Newtoniana. Ellos son las bases desde las cuales diseñamos y administramos las organizaciones y desde el cual se realiza la investigación en ciencias sociales.

Pero la ciencia y el mundo han cambiado. Si se continúa dibujando desde las ciencias para crear y administrar organizaciones, diseñar investigación, formular hipótesis acerca del diseño organizacional, planeación, economía, naturaleza humana y procesos de cambio, entonces necesitamos al menos tierra firme para trabajar con la ciencia del siglo XXI.

Los cambios en el entorno organizacional se ven como retos que se presentan a los que la organización debe responder. Mientras, hay un gran debate en cuanto a si la adaptación o la selección es el factor primordial de la supervivencia, tanto los teóricos de la dependencia como los ecologistas creen que el mayor de los problemas a los que se enfrenta la organización moderna son los cambios en el entorno.

Esta idea básica es desafiada por las implicaciones de una nueva formulación de una teoría desarrollada por los científicos chilenos Humberto Maturana y Francisco Várela, que arguyen que todos los sistemas vivos son organizaciones cerradas, sistemas autónomos de interacción que sólo se referencian con ellos mismos. La idea de que los sistemas vivos están abiertos al entorno es, según ellos, el producto de un intento de hacer sensibles tales sistemas desde el punto de vista de un observador externo. La teoría desafía la validez de las distinciones surgidas entre un sistema y su entorno, y ofrece una nueva perspectiva para comprender la lógica a través de la cual los sistemas vivos cambian.

Las disciplinas de la física, biología, química, las teorías de la evolución y el caos, la sociobiología, entre otras proporcionan las bases de este cuestionamiento científico de la división de las cosas, de la imaginería de la máquina perfecta donde es más importante entender las partes que el todo, para proponer un enfoque de entendimiento integral y holístico, del sistema como un sistema dándole una importancia primaria a las relaciones que existen entre las partes. Como lo dice Donella Meadows "usted piensa que porque entiende uno debe entender dos, porque uno y uno hacen el dos. Pero también debe entender el y" (1982:23).

Por ello, el enfoque que dicen asumir, es estrictamente mecanicista aunque en su reflexión el énfasis está puesto en la esfera de los procesos y en las relaciones entre componentes.

"Nosotros sostenemos que los sistemas vivos son máquinas; al hacerlo, estamos apuntando a varias nociones que debieran ponerse en claro. Primero, implicamos un criterio n animista que debiera ser innecesario comentar mayormente. Segundo, estamos subrayando que a un sistema vivo lo define su organización y, por lo tanto, que es posible explicarlo como se explica cualquier organización, vale decir, en términos de relaciones, no de propiedades de los componentes. Por último, señalamos el dinamismo ostensible en los sistemas vivos connotado por la palabra "máquina" (Maturana y Varela 1972, p.14).

Los argumentos se basan en la idea de que los sistemas vivos se distinguen por tres características: autonomía, circularidad y autorreferencia. Estas dirigen la capacidad de auto- crear o auto-conservarse. El término autopoíesis (del griego "poiesis", capacidad de producir) se refiere a la capacidad de autoproducción a través de un sistema de relaciones cerradas. El objetivo final de tales sistemas es producirse a sí mismos: su propia organización e identidad es su producto más importante.

El significado de autopoíesis es "la característica de los sistemas vivos de renovarse ellos mismo continuamente y de regular este proceso de tal manera que se mantiene la integridad de su estructura" (Jantsch 1980:7)

Maturana y Várela insisten en que los sistemas vivos, como organizaciones, son autónomos o sistemas cerrados que se esfuerzan en mantener su propia identidad subordinando todos los cambios al mantenimiento de su propia organización como un conjunto dado de relaciones. Hacen eso por estar embebidos en un modelo cíclico de interacciones donde el cambio de un elemento del sistema es contrarrestado por otros cambios, implantando continuamente unos modelos de interacción siempre autorreferenciales.

Son autorreferenciales porque un sistema no puede entrar en intersecciones que no están especificadas en el modelo de relaciones que definen la organización. Así, las relaciones del sistema con su entorno son, realmente, una reflexión de su propia organización interactiva con su entorno de una forma que facilita su propia autoproducción, y en este sentido puede verse que el entorno es una parte de él mismo.

Para los autores, la condición necesaria y suficiente de la vida es la autopoiesis. Es necesario precisar en este punto que los sistemas cerrados reproducen una circularidad causal en sus relaciones que, tal como lo aclara Razeto -Barry (2012), en los cibernéticos se manifiesta en las relaciones de control, mientras que en la noción de autopoíesis lo hace en las relaciones de producción

El principio de incertidumbre de Heisenberg ilustra lo extraño de la tradición "una afortunada corazonada basada en argumentos poco sólidos y supuestos absurdos ad hoc da una fórmula que puede resultar correcta, cuando los primeros pensamientos serían de que por nada en el mundo lo sería" (March 1978:3). En ello reside el progreso científico.

El decir que los sistemas vivos son cerrados y autónomos no implica que estén completamente aislados, la autonomía es únicamente organizacional. Los encierran en ellos mismos para mantener un modelo estable de este proceso de inclaustración o autorreferenciales que en última instancia distingue a un sistema como tal sistema. Tantas reformulaciones fundamentales de las prevalecientes teorías de la evolución, conducta animal y neurobiología que Ernst Mayr, un notable del pensamiento biológico dijo "Es ahora claro que se necesita una nueva filosofía de la biología" (1982:73).

Para descubrir la naturaleza del sistema total es necesario interactuar con él y trazar las pistas del modelo cíclico de interacción a través del cual se define. Una vez hecho, se encontrará con la problemática cuestión de saber dónde empieza y donde acaba el sistema. En ningún análisis de sistemas es posible desenrollar en algún punto las relaciones del modelo cíclico, ya que estos sistemas, al igual que las muñecas rusas, pueden verse unos dentro de otros. Sin embargo, esta clase de paradoja autorreferencial es fundamental, no hay comienzo ni final del sistema porque es un bucle cerrado de interacción.

Podría intentarse comprender tales sistemas trazando una frontera artificial entre el sistema y el entorno y romper la cadena de interacción cíclica. Una comprensión de la naturaleza de los sistemas de autopoíesis requiere que se entienda cómo cada elemento combina simultáneamente el mantenimiento de sí mismo con el mantenimiento de los otros. Simplemente, no es demasiado bueno disminuir una gran parte de la cadena circular de interacción como "el entorno".

Autopoíesis - el proceso natural que soporta y apoya el cuestionamiento de la estructura, procesos, renovación e integridad, descripción que no se limita a un tipo de organismo y describe la vida en sí misma. Cada cosa viviente gasta energía y hará lo que sea necesario para preservarse a sí mismo. Pero en un mundo global un sistema viviente está cambiando constantemente. Es como una "estructura que nunca descansa" buscando su propia autorrenovación (Jantsch 1980:10)

Las estructuras autopoieticas nos proporcionan información que ilumina de varias maneras. Ilustra una paradoja importante: cada estructura tiene una identidad única, una frontera definida y clara, aunque está integrada con su entorno. En cualquier punto de su evolución, al estructura puede ser vista como un evento separado, aunque su historia está ligada a la historia de un entorno mayor en la cual está inserta y a otras estructuras autopieticas (Briggs y Peat 1989:154). La autopoíesis apunta a un nuevo universo. No hacia el mundo fragmentado que queremos aprehender junto, sino el universo rico en procesos que soportan la congruencia, la individualidad y a la comunidad. Las estructuras disruptoras en química también nos enseñan otra verdad paradójica: el desorden puede ser la causa de un nuevo orden.

La manera en qué trabaja el cerebro y el sistema nervioso humanos es vista tradicionalmente como un sistema de proceso de datos, recogiendo información procedente del entorno e iniciando la correspondiente respuesta. El cerebro puede verse como representando al entorno, almacenándolo en la memoria y modificando ésta a través de la experiencia y el aprendizaje. En contraste, Maturana y Varela arguyen que el cerebro es cerrado, autónomo, cíclico y auto referenciado. El cerebro no procesa la información del entorno y no lo representa en la memoria. Establece y asigna modelos de variación y puntos de referencia de expresiones de su propio modo de organización. El sistema organiza así su entorno como parte de sí mismo. Si se piensa sobre ello, la idea de que el cerebro puede hacer representaciones de su entorno presume un punto de referencia externo con el cual es posible juzgar el grado de correspondencia entre la representación y la realidad. Esto, implícitamente, presupone que el cerebro tiene una capacidad para ver y comprender el mundo desde un punto de referencia externo a él mismo. Claramente esto no puede ser así, y la idea de que el cerebro representa la realidad está seriamente cuestionando. El cerebro – es un hecho - crea imágenes de la realidad, como expresiones o descripciones de su propia organización, y las interacciona, modificándolas a la luz de la experiencia actual.

Es probable que para un lector comprometido con una perspectiva clásica del conocimiento científico los primeros textos de Maturana y Varela le provoquen extrañeza, incomodidad e incluso rechazo. Esto se debe a múltiples razones que van desde el uso de un lenguaje a veces innecesariamente complejo hasta la introducción de conceptos y reflexiones completamente ajenas al quehacer científico. Continuas alusiones a la necesidad de construir un lenguaje científico que distinga y explicite qué elementos son introducidos por el observador y qué elementos forman parte del fenómeno a explicar e indican que su perspectiva también incluye una posición respecto a la naturaleza del conocimiento. En efecto, para los biólogos chilenos es necesario asumir un nuevo paradigma en la ciencia que se fundamente en una nueva teoría del conocimiento.

En química, Ilya Prigogine ganador del premio Nobel en 1977 por su trabajo en demostrar la capacidad de ciertos sistemas químicos (estructuras disipativas) de regenerarse en respuesta a las demandas del entorno a altos niveles de autoorganización, demostró la capacidad de los sistemas vivientes de responder al desorden (no equilibrio) con vida renovada. El desorden puede jugar un papel crítico en el nacimiento de una nueva forma de orden. La teoría del caos también está proveyendo de nuevas bases para entender el cambio y el desorden. El trabajo de Prigogine ha ayudado a la ciencia occidental a explicar una contradicción. ¿Si a la entropía es la regla, porque florece la vida? ¿Por qué la evolución de los sistemas vivos está relacionada al progreso y a complejización, no al deterioro y a la desintegración?

A los que han llegado a pensar en los organismos y organizaciones como sistemas abiertos, esta clase de razonamiento cíclico puede sonarles como una idea un tanto extraña. Tenemos que aprender a ver a los sistemas vivos como entidades distintas, caracterizadas por numerosos patrones o modelos de interdependencia tanto internas como relacionadas con el entorno. Esto es así porque se insiste en entender tales sistemas, según "nuestro" punto de vista, como observadores en vez de intentar comprenderlos según su lógica interna, haciendo esto se tiende a la confusión y a mezclar el dominio de la organización con el de la explicación. Si nos ponemos "dentro" de tales sistemas, llegaremos a experimentar el interior de un sistema cerrado de interacción al que él es "parte" de la organización del sistema, porque es parte de su dominio de esencial interacción.

La teoría de la autopoíesis afirma, por tanto, que los sistemas pueden reconocerse, asemejando "entornos" pero insistiendo que la relación con cualquier entorno está "internamente" determinada. Mientras, pueden contarse cadenas de información dentro y entre los sistemas (A está enlazado con B, C, D, E y así sucesivamente), no habiendo modelos independientes de causalidad. El cambio en A no es causa de cambios en B, C, D y E, ya que la cadena entera de relaciones parte del mismo modelo autodeterminado. Gregory Bateson y otros teóricos interesados en los aspectos ecológicos de los sistemas, coinciden en recalcar que todos envuelven como campos completos de relaciones que son recíprocamente determinantes y determinados. El modelo de sistema tiene que entenderse como un todo y como poseedor de la lógica propia; no puede comprenderse corno una red de partes separadas. Esto es lo que finalmente hace que no tenga sentido de que un sistema interactúa con un entorno externo. Las transacciones de un sistema con el entorno son realmente transacciones por sí mismas.

Estas ideas teóricas tienen aplicaciones muy importantes. Si los sistemas están gobernados para mantener su propia identidad y si las relaciones con el entorno se determinan internamente, entonces los sistemas pueden envolver y cambiar solamente con cambios auto- generados en la identidad.

Cuando se reconoce que la identidad conlleva el mantenimiento de un conjunto y que el problema del cambio depende del modo en que los sistemas tratan las variaciones que influyen su forma corriente de funcionar, entonces, nuestra atención se dirige al proceso que intenta mantener su identidad ignorando o contrarrestando fluctuaciones amenazadoras y del modo que las variaciones pueden conducir al nacimiento de nuevos modos de organización. Estas opiniones han recibido una atención considerable de la cibernética. Su trabajo recalca que los sistemas pueden mantener identidades estables sostenidos por procesos de retroacciones negativas que les permitan detectar y corregir desviaciones de las normas de actuación y puedan envolver desarrollando capacidades de aprendizaje que les permita modificar esas normas teniendo en cuenta las nuevas circunstancias.

Pero ¿de dónde proceden las variaciones? ¿Cuál es la fuente del potencial cambio? La teoría de la autopoíesis localiza las fuentes del cambio en variaciones al azar que ocurren "dentro" del sistema total. Estas pueden derivar a modificaciones introducidas aleatoriamente a través de los procesos de la reproducción o a través de la combinación de interacciones opcionales y conexiones que hacen surgir el desarrollo de nuevos sistemas de relaciones.

Desde el punto de vista de la autopoíesis, la variación al azar proporciona la simiente de la posibilidad que permita el surgir la evolución de una nueva identidad del sistema. Los cambios al azar pueden disparar interacciones que repercuten a través del sistema, la consecuencia final está determinada, tanto si la identidad en curso del sistema amortigua los efectos de la nueva perturbación a través de cambios compensatorios, o si una nueva configuración de relaciones se le permite surgir.

Una interpretación de esta teoría nos ayuda a ver que las organizaciones están siempre intentando conseguir una forma autorreferencial cerrada en relación con su entorno, representando su entorno como una proyección de su propia identidad o autoimagen y también nos ayuda a entender algunas de la relaciones de la organización con su entorno.

Las estructuras disipadoras demuestran que el desorden puede ser la fuente del orden, que el crecimiento se fundamenta en el desequilibrio no en el balance. Las cosas que más tememos en las organizaciones – fluctuaciones, disturbios, desbalances – no deben ser signos de un desorden que destruirá la organización. En lugar de ello, las fluctuaciones son la fuente primaria de la creatividad. Los nuevos descubrimientos permiten entender el mundo de una nueva manera en el cual los caminos entre el desorden y el orden es "el orden que surge del caos" y el "orden a través de las fluctuaciones (Prigogine 1984)

Las organizaciones que practican esta auto revisión se capacitan para desarrollar un tipo de sensatez sistemática, serán más conscientes de su rol y significado dentro del conjunto y de su capacidad para facilitar modelos de cambio y desarrollo que permitirán a su identidad evolucionar junto con el sistema.

A. Hacia una nueva visión del cambio organizacional

Estas ideas tienen importantes implicaciones a la hora de comprender el proceso de la evolución organizacional. Las organizaciones se ven representando un papel activo en la construcción del entorno junto con sus propias identidades. Todas las organizaciones tienen éxito al crear identidades de una u otra clase, en muchos aspectos el proceso completo de organizar es la realización de una identidad, pero algunas identidades probablemente son más robustas y duraderas que otras.

Cuando las organizaciones mantienen sus identidades inician mayores transformaciones en la ecología social que pertenecen. Pueden sentar las bases de su propia destrucción o pueden crear las condiciones que les permitan desarrollarse junto con el entorno. Las organizaciones egocéntricas creen sobrevivir más dependiendo de la estrecha y fija definición de su identidad en vez de evolucionar hacia identidades más fluidas y abiertas al sistema que pertenecen. La mayoría de las veces es difícil abandonar ciertos modelos de identidad y estrategias que han traído y sentado las bases del éxito pasado. Como en la naturaleza, muchas líneas de desarrollo organizacional pueden llevar a un callejón sin salida.

El sobrevivir sólo puede ser "con" y nunca "contra" el entorno o el contexto en el que se está moviendo. Una concepción de identidad menos egocéntrico facilita el proceso de apreciación de que son siempre algo más que ellas mismas, puesto que los proveedores, el mercado, los trabajadores, las instalaciones, la nación, el mundo entero e incluso la competencia son, en realidad, partes del mismo sistema de la organización.

El reto presentado por la teoría de la autopoíesis es comprender cómo las organizaciones cambian y se transforman a sí mismas a lo largo del tiempo con su entorno y desarrollar fórmulas de organización que favorezcan la clase de evolución abierta discutida anteriormente.

Si se quisiera resumir las aplicaciones del anterior argumento en una especie de lema tendría que leerse "Pensar y actuar sistemáticamente, más autorreflexión menos auto-centrismo". La auto- imagen de una organización es crítica en la formación de cada uno de sus aspectos y en particular el de su impacto en el contexto del cual es parte, poniendo considerable atención en definir y desarrollar un sentido apropiado de identidad.

Las ideas discutidas previamente iluminan el papel clave de la estrategia corporativa. Sin embargo, es en ciertos aspectos un papel más modesto que el invocado en muchas teorías convencionales. La estrategia corporativa se ve generalmente como algo que dirige los senderos del desarrollo corporativo. Pero las ideas presentadas aquí, sugieren que el desarrollo estratégico con éxito nunca puede ser unilateral. Un individuo o una organización pueden influir en la conformación del cambio, pero el proceso siempre es dependiente de patrones o modelos complejos de conectividad recíproca que nunca puede ser prevista o controlada.

Como en la naturaleza, las combinaciones significativas de las circunstancias de cambio pueden transformar los sistemas sociales en formas que nunca hayamos podido soñar. La introducción de la robotización reduce los costos de manufactura cuyos efectos reverberan en formas imprevisibles; una estrategia para lograr una ventaja en la competencia puede generar repercusiones que eventualmente transformen también el sistema. La teoría de la autopoíesis sugiere que el modelo de organización que se desarrolle lo haga en una forma ampliable y evolucionada, algunas formas desaparecerán y otras sobrevivirán a través de las transformaciones controladas por los procesos de autorreferencia que definen el sistema total. Los individuos y las organizaciones tienen capacidad para influir en los procesos eligiendo la clase de autoimagen que guía sus acciones y ayudarles a conformaría futuro.

La teoría de la autopoíesis nos anima a comprender cómo se despliegan los cambios a través de un modelo cíclico de interacción. Las organizaciones evolucionan o desaparecen con los cambios ocurridos en su contexto y su gestión estratégica requiere la comprensión de estos contextos. Esto requiere que los integrantes de una organización adquieran una nueva forma de pensar sobre los sistemas cíclicos de relaciones a los cuales pertenecen y que comprendan que estas relaciones se forman y se transforman a través de proceso recíprocamente determinante y determinados. Necesitamos pensar en arcos en lugar de líneas y reemplazar la idea de relación lineal.

A través del universo, el orden existe dentro del desorden y desorden dentro del orden. Debemos ver el ballet de caos y orden, de cambio y estabilidad como dos aspectos complementarios en el proceso de crecimiento, ninguno de los dos como primario. Ya que "un sistema aparece ahora como un conjunto coherente, evolucionado, de proceso interactivos que manifiestan estructuras en estados globales que no tienen nada que ver con el equilibrio y a la solidez de las estructuras tecnológicas. La oruga y la mariposa, por ejemplo, son dos estructuras temporales estabilizadas en la evolución coherente de un mismo sistema (Jantsch 1980:6)

III.   EL ENTORNO ORGANIZACIONAL

El segundo de los acercamientos teóricos se ha convertido en el argumento clásico para explicar el cambio organizacional a través del argumento de las necesidades de ajustarse a los requerimientos del entorno.

Aunque últimamente ha sido duramente cuestionado por los seguidores de la teoría de la autoorganización, sigue siendo el que más solidez presenta en sus argumentaciones y en los resultados de investigaciones.

Para definir formalmente el entorno organizacional es necesario hacer referencia a un modelo de sistemas. Las organizaciones interactúan con sus ambientes mediante la adquisición de insumos y la distribución de productos, pero es importante que la atención se concentre en esa parte del entorno organizacional que tiene importancia efectiva o potencial para la fijación y el logro de los objetivos. A este se le denomina el entorno organizacional relevante, y abarca las condiciones ambientales generales que afectan las operaciones y los individuos y grupos específicos con los que la organización tiene tratos activos.

Así como el entorno organizacional puede ser complejo y multifacético, también puede cambiar. Algunas empresas experimentan un entorno organizacional altamente dinámico. Nuevos grupos entrarán a ritmo constante en el entorno organizacional relevante, mientras otros grupos pierden relevancia.

Una característica adicional del entorno organizacional es la de definir las relaciones de dependencia, ya que esto puede hacer vulnerable a la organización. Este concepto se relaciona estrechamente con la idea del poder organizacional, el que denota la habilidad de una organización para hacer que otras dependan de ella esto se deriva del grado en que posea la capacidad para satisfacer las necesidades de ese elemento, y de que monopolice esa capacidad. Las relaciones de dependencia, capacidad y poder que caracterizan a la interacción entre una organización y su medio ambiente relevante, tienen una gran influencia en las decisiones administrativas.

Los requerimientos que son determinados por las demandas del entorno organizacional, presenta un futuro más complejo, dinámico y con menores recursos que en la actualidad. La tecnología será el segundo factor importante, tecnología de la información y tecnología para la producción, ambas ofrecerán capacidades muy diferentes a la arquitectura organizacional. La tecnología revela lo que es posible. Finalmente, las consideraciones éticas, los valores humanos y la orientación del uso de los recursos determinarán lo que queremos de la organización en el futuro. Una vez hecho lo anterior, se convertirán en las fuerzas del cambio.

La investigación existente sobre el entorno organizacional ha definido este concepto de dos maneras. La primera por aquellos factores y elementos del entorno organizacional que pueden ser definidos como realidades objetivas, y la segunda, por el conjunto total de factores que los empleados de la organización logran percibir. Uno de ellos puede ser la demografía de la fuerza laboral. Los empleados siempre actuarán según su historial personal, ellos traen a la organización valores adicionales que no se relacionan con su empleo.

Obviamente, el efecto de estas subculturas será más fuerte cuando las personas que las representen tengan una gran autoridad. La acción organizacional es dependiente en sumo grado de la orientación de sus altos ejecutivos.

El más importante por sus efectos del conjunto de requerimientos influenciando el cambio organizacional en el futuro será la naturaleza y características del entorno que siempre hace las demandas a la organización. La mayoría de los teóricos están de acuerdo en que el entorno será más incierto en el futuro y que los recursos serán más escasos que ahora.

El transcurso de la última década ha llevado a una creciente interdependencia entre los países en un mundo cada vez más globalizado, lo cual ha contribuido a que el entorno organizacional se torne cada día más complejo, donde a diferencia del pasado, el tamaño de las organizaciones no es indicador suficiente para determinar el éxito o el fracaso de las mismas, sino lo que haga la organización para adecuarse a los requerimientos del entorno.

Cada día es más evidente que la supervivencia organizacional significa el estar alerta y saber responder a un mundo complejo que cambia constantemente. Donde los cambios son más imprevistos y con mayores efectos. Anteriormente las organizaciones no tenían que preocuparse tanto de su entorno organizacional social. Era estable en comparación con el dinamismo actual, ya que poseían una influencia económica que les confería el poder para no tomar en cuenta al entorno organizacional. No obstante, hoy en día ya no es posible que una organización se aísle de su entorno tan sólo por su tamaño.

Ambientes organizacionales y adaptación

Para F. E. Emery y E. L. Trist cuando se estudia el cambio organizacional surge un problema crítico: los contextos ambientales en donde existen las organizaciones también están cambiando, a un ritmo creciente, hacia una complejidad cada vez mayor. Este punto, en sí, no requiere mayor detalle; no obstante, las características de los ambientes organizacionales exigen cuidado por sí mismas, pues de otro modo no se progresará en comprender, en las ciencias conductuales, mucho de lo que está sucediendo debido al cambio tecnológico, especialmente hoy día. Se ofrece este apartado como un breve intento de plantear algunos de los problemas y ha surgido de la creencia de que se progresará con mayor rapidez si se amplía de cierto modo lo que hoy se piensa sobre los sistemas.

En términos generales puede decirse que pensar en base a los sistemas parece la respuesta conceptual más adecuada de que hoy se dispone cuando el fenómeno en estudio - en cualquier nivel y en cualquier campo- manifiesta como carácter el estar organizado y cuando es tarea de las investigaciones comprender la naturaleza de las interdependencias. En las ciencias conductuales se dieron los primeros pasos para crear una teoría de sistemas en relación con el análisis de los procesos internos de los organismos (u organizaciones), cuando resultó necesario relacionar las partes con el todo. Entre los ejemplos cuenta la biología de los organismos, de Jennings, Cannon y Henderson; la primera teoría Gestalt y sus derivaciones, como la teoría del equilibrio; y las teorías clásicas de la estructura social. Se podrían representar muchos de esos problemas en modelos de sistemas cerrados. Se dieron los siguientes pasos cuando hubo de relacionarse el todo con su ambiente, lo que llevó a los modelos de sistema abierto.

Muchas de las ideas vigentes en este campo han sido influidas por la cibernética y la teoría de la información, aunque se han usado éstas para ampliar el alcance de los sistemas cerrados en igual medida que para afinar las formulaciones del sistema abierto. Fue Von Bertalanffy (1950) quien introdujera la importancia de la apertura o cierre frente al ambiente, como un medio de distinguir entre organismos vivos y objetos físicos. Cualquier entidad viviente sobrevive al importar a su interior ciertos tipos de materias que hay en el ambiente y al transformarlas de acuerdo con las características de su sistema propio, exportando al ambiente otros tipos de material; mediante este proceso, el organismo obtiene la energía adicional, capaz de lograr estabilidad en un estado constante e independiente del tiempo, condición necesaria para adaptarse a la varianza del ambiente.

Dichos estados constantes son algo muy diferentes a los estados de equilibrio descritos en la física clásica, que demasiado a menudo han sido tomados como modelos para representar transacciones biológicas y sociales. Los estados de equilibrio siguen la segunda ley de la termodinámica, de modo que no puede realizarse ningún trabajo cuando se logra el equilibrio; mientras que con la apertura al ambiente que el estado constante presenta se mantiene la capacidad de trabajo del organismo, sin la cual sería imposible la adaptabilidad y, en consecuencia, la supervivencia.

Muchos corolarios se desprenden respecto a las propiedades de los sistemas abiertos, como son la equifinalidad, el crecimiento mediante la elaboración interna, la regulación de sí mismo, la constancia de dirección cuando cambia la posición, etc., y de ningún modo se han estudiado todos; pero aunque la fórmula de Bertalanffy permite ver desde una nueva perspectiva los procesos de intercambio entre el organismo, u organización, y aquellos elementos de su medio, de ningún modo atiende a todos los procesos del ambiente en sí, mismos que están entre las condiciones que determinan como serán los intercambios; para analizar estos últimos se necesita un concepto adicional: la contextura causal del ambiente, para así reintroducir, a un nivel de análisis social, una denominación sugerida por Tolman y Brunswik (1935) y tomada de un trabajo de S. C. Pepper (1934).

En relación con las interdependencias ambientales, el primer punto hacia el que queremos llevar la atención se refiere a que las leyes que relacionan los elementos del ambiente entre ellos no son proporcionales, con frecuencia, a las que conectan entre sí a las partes de la organización o incluso a las que gobiernan los intercambios. Por ejemplo, es imposible reducir las relaciones organización-ambiente a la fórmula "estando incluidas, pues los límites también son puntos de "ruptura". Como indicaran Barker y Wright (1949), quienes se -basaron en Lewin (1936) para su análisis de este problema y sus efectos sobre la ecología psicológica, es posible unir mediante leyes las acciones de un lanzador de jabalina que apunta y lanza su arma, pero es imposible describir con los mismos conceptos el curso del proyectil, pues éste se ve afectado por variables sujetas a leyes surgidas de la meteorología y otros sistemas.

Cuatro tipos de contextura causal

Fueron estas experiencias las que nos hicieron pensar poco a poco en la necesidad de dirigir nuestra atención conceptual a la contextura causal del ambiente, al que se consideraba un dominio casi independiente. Se han aislado ya cuatro "tipos ideales" de contextura causal, aproximaciones que, pensamos, existen simultáneamente en el "mundo real" de gran parte de las organizaciones, aunque, desde luego, su ponderación variará enormemente de un caso al otro.

Los primeros tres tipos han sido descritos ya y, de hecho, repetidamente -si bien con una amplia variedad de términos y haciéndose hincapié en una variedad igualmente sorprendente de aspectos especiales -, en la literatura de varias disciplinas, que van desde la biología hasta la economía y que incluyen la teoría militar, la psicología y la sociología; sin embargo, el cuarto tipo es nuevo (al menos para nosotros) y es aquel que hemos estado luchando por identificar desde hace algún tiempo. Por tanto, trataremos brevemente a los tres primeros, pues apenas se entendería el cuarto sin referirlo a ellos; puede decirse que, juntos, los cuatro tipos forman una serie en que de una manera nueva e importante va aumentando el grado de contextura causal según se da cada paso. Dejamos planteada la pregunta sobre la necesidad de incluir pasos adicionales.

Primer paso

El tipo más sencillo de contextura ambiental es aquél en que metas y elementos ("buenos" y "malos") cambian relativamente poco en sí y están distribuidos al azar; se le puede llamar ambiente plácido y aleatorio, corresponde a la idea de Simon, de una superficie sobre la que puede moverse un organismo; y que en gran parte está desnuda, pero en puntos aislados y muy separados entre sí hay montoncillos de comida (1957, pág. 137); también. corresponde al caso limitativo de Ashby, cuando no hay relación entre las partes ambientales (1960, Sl5/4) y al caso del campo aleatorio, de Schutzenberger (1954, pág. 100). También el mercado clásico de los economistas corresponde a este tipo.

Schutzenberger ha enunciado una propiedad crítica de la respuesta organizacional bajo estas condiciones aleatorias: no existe distinción entre táctica y estrategia y "es estrategia óptima la sencilla táctica de hacer lo mejor que se pueda en una base puramente local".

Segundo paso

Aunque más complicado, sigue siendo un ambiente plácido aquél caracterizado por agrupamientos: no se encuentran distribuidos al azar las metas y los elementos, sino que se unen de ciertas maneras; se le puede llamar ambiente plácido y agrupado y constituye el caso en el que se interesaron Tolman y Bruaswick; corresponde al "sistema serial" de Ashby y a la "competencia imperfecta" de los economistas. El agrupamiento permite que algunas partes ocupen el papel de señales en otras partes o se vuelvan medios-objetos para el acercamiento o la evitación; sin embargo, la supervivencia es precaria cuando la organización se propone manejar tácticamente cada varianza ambiental, según se vaya presentando.

El nuevo rasgo de respuesta organizacional para este tipo, de ambiente es el surgimiento de una estrategia distinta a la táctica. La supervivencia se une críticamente a lo que la organización conoce de su ambiente: perseguir una meta situada bajo las propias narices llevará a partes del campo cargadas de peligro, mientras que evitar una cuestión en ese momento difícil hará alejarse de áreas potencialmente recompensantes. En el ambiente de agrupamiento la "ubicación óptima" constituye el objetivo primordial, y se considera que algunas posiciones son potencialmente más ricas que otras.

Para lograr esto se necesita concentrar recursos, subordinarse al plan principal y desarrollar una "competencia distintiva", para usar el término de Selznick (1957), cuando se busca alcanzar el objetivo estratégico; en estas condiciones, las organizaciones apuntan a crecer en tamaño y a volverse jerárquicas, con tendencias al control centralizado y a la coordinación.

Tercer paso

Hemos llamado ambiente perturbado-reactivo al siguiente nivel de contextura casual y se puede comparar éste con el sistema ultraestable de Ashby o con el mercado oligopólico de los economistas; se trata de un ambiente tipo 2, en el que existe más de una organización de igual índole; de hecho, ahora se ha vuelto característica dominante del campo ambiental la existencia de varias organizaciones similares, cada una de las cuales no sólo debe tener en cuenta a las demás, cuando por azar se encuentren, sino pensar que lo que ella sabe pueden saberlo las otras. La parte del ambiente a la cual desea pasar a la larga también constituye la zona a donde desean moverse las demás organizaciones; al saber esto, cada organización tratará de aumentar sus posibilidades, obstaculizando a las otras, sabiendo que éstas desean hacer lo mismo y sabiendo que todas lo saben. La presencia de otras organizaciones similares crea una, imbricación de algunos hilos causales que hay en el ambiente.

Si la estrategia consiste en elegir el "objetivo estratégico" - al que se desea llegar en el futuro- y la táctica es cuestión de elegir una acción inmediata en el repertorio de que se disponga, entonces en los ambientes del tipo 3 parece existir un nivel intermedio de respuesta organizacional: el de operación, para usar el término adoptado por, los teóricos militares alemanes y soviéticos, quienes formalmente separan tácticas, operaciones y estrategia.

Entonces no sólo se trata de elegir en secuencia, sino de elegir acciones que disuadan de participar a las otras organizaciones. El nuevo elemento consiste en decidir qué posibles tácticas del contrario se desea ver en acción y asegurarse de qué el resto de ellas no funcione. Una operación consiste en una campaña que incluye una serie planeada de iniciativas tácticas, reacciones calculadas por los otros y movimientos de oposición. La flexibilidad requerida fomenta cierta descentralización y también asigna una prima a la calidad y velocidad de las decisiones en distintos puntos periféricos.

Se hace necesario definir el objetivo organizacional, menos en base a la ubicación que a la capacidad o poder para moverse más o menos a voluntad; en otras palabras, poder enfrentar el desafío competitivo, lo que da importancia a las estrategias de absorción y parasitismo. Quizá también produzca situaciones en las que sólo pueda obtenerse la estabilidad mediante ciertos acuerdos entre competidores, sean éstos empresas, grupos de intereses o gobiernos. Aquí, es necesario saber cuándo no luchar hasta la muerte.

Cuarto paso

Los campos turbulentos, como los hemos denominado, constituyen el tipo de ambiente más complejo; en ellos surgen del ámbito mismo, los procesos dinámicos que crean varianzas significativas para las organizaciones componentes; a semejanza del tipo 3 y a diferencia de los tipos estáticos 1 y 2, son dinámicos; a diferencia del tipo 3, las propiedades dinámicas no surgen simplemente de la interacción de las organizaciones componentes, sino también del campo en sí. El "terreno" se encuentra en movimiento.

Tres tendencias contribuyen a que surjan tales fuerzas dinámicas en el campo:
1.   El crecimiento que busca satisfacer las condiciones de organizaciones del tipo 3 y series unidas de organizaciones, tan grandes, que sus acciones son

a la vez persistentes y lo suficientemente fuertes como para inducir en el ambiente procesos autóctonos. Sería un efecto análogo el de una compañía de soldados que marchara por encima de un puente, manteniendo el paso.

2. La creciente interdependencia entre la faceta económica y las otras de una sociedad, lo que significa que las organizaciones económicas cada vez están más entrampadas en legislaciones y reglamentos públicos.

3. La confianza cada vez mayor que se tienen en la investigación y el desarrollo como medios para lograr la capacidad de enfrentar el reto competitivo; esto lleva a una situación en que el gradiente de cambio está continuamente presente en el campo ambiental. Esas tendencias significan para las organizaciones un gran aumento, en su campo, de la incertidumbre pertinente, las consecuencias que van derivándose de las acciones llevan a situaciones cada vez menos previsibles, que no necesariamente aumentan con la distancia, pues en cualquier punto podrían ampliarse más allá de lo esperado; de modo similar, - las líneas de acción seguidas con constancia podrían quedar atenuadas por fuerzas de campo emergentes.

Los valores y la incertidumbre respectiva

En las condiciones del tipo 4 lo precario está en cómo lograr la estabilidad organizacional. En esos ambientes las organizaciones individuales, no importa su tamaño, no pueden esperar adaptarse con esto, simplemente gracias a sus propias acciones directas, no obstante, hay indicios de una solución que pudiera tener la misma importancia general para esos ambientes como la estrategia y las operaciones la tuvieron para los tipos 2 y 3: se trata del surgimiento de valores que tengan una importancia aplastante para todos los miembros del campo.

Aquí se están considerando a los valores sociales como mecanismos de enfrentamiento que permiten manejar áreas persistentes de incertidumbre concomitante. Incapaces de seguir las consecuencias de sus acciones cuando se amplían y van resonando por todos los campos sociales, los hombres han creado en todas las sociedades reglas, a veces categóricas - como los 10 mandamientos-, que les proporcionen una guía y un cálculo ya hecho. Los valores no son estrategias o tácticas; tienen el carácter conceptual de "campos de poder"; funcionan como mandamientos.

En tanto que estén surgiendo valores efectivos, el carácter de campos turbulentos y ricamente unidos, cambia de un modo sorprendente; no es necesario buscar la pertinencia de grandes clases de acontecimientos en una intrincada red de hilos causales divergentes, sino que se pasa directamente al código ético; mediante esta transformación se crea un campo que ya no está ricamente unido ni es turbulento, sino que se encuentra simplificado y resulta relativamente estático. Esa transformación resultará regresiva, o constructivamente adaptativa, de acuerdo con cuán adecuadamente representen los valores surgidos a los nuevos requerimientos ambientales.

Por un lado tenemos un punto de vista de que resultan raros los ejemplos de ambiente a la vez grandes y sumamente relacionados, ya que el hallarse muy subdividido es característica de nuestro ambiente terrestre; por otro lado, cuando se encuentran, bien pudieran estar más allá de los límites de la adaptación humana, ya que el cerebro constituye un sistema ultraestable; en contraste, el papel que aquí se ha atribuido a los valores sociales hace pensar que ese tipo de ambiente no sólo acepta con buen éxito la adaptación, por difícil que resulte, sino que cada vez ha sido más característico de la condición humana desde que se iniciaron las comunidades sedentarias. Tampoco se olvide que los valores pueden ser racionales e irracionales y que muy probablemente la racionalidad de su lógica irá adquiriendo poder según el ethos científico penetre más en una sociedad.

La organización matricial y el éxito institucional

No obstante, los campos turbulentos exigen alguna forma general de organización que sea esencialmente diferente a las jerárquicamente estructuradas a que estamos acostumbrados. Mientras que los ambientes del tipo 3 requieren una u otra forma de adaptación entre organizaciones parecidas, pero competidoras, cuyos destinos se hallan, en cierto grado, correlacionados negativamente, los ambientes turbulentos requieren alguna relación entre organizaciones disímiles cuyos destinos están, en lo fundamental, positivamente correlacionados, lo que significa nexos que eleven al máximo la cooperación y que reconozcan que ninguna organización puede cubrir el papel de la otra y volverse soberana.

Nos inclinamos por llamar a este tipo de relación una matriz organizacional, que actúa ante todo delimitando mediante criterios de valor el carácter de lo que puede incluirse en el campo especificado y, por consiguiente, a quien puede incluirse en el mismo. Esta "selectividad" permite crear alguna forma definible sin que se caiga demasiado en una jerarquía formal entre los miembros: las asociaciones profesionales proporcionan un modelo con el que se ha tenido mucha experiencia.

No estamos sugiriendo que en campos ajenos al de los profesionales sólo puedan aplicar las sanciones aquellos cuerpos controlados por el estado; a decir verdad, hay más probabilidades de que ocurra lo contrario. Tampoco estamos sugiriendo que las matrices organizacionales funcionarán para eliminar la necesidad de otras medidas con que lograr la estabilidad.

Tal y como ocurre con los valores, las organizaciones matriciales, incluso aunque tengan éxito, sólo ayudarán en trasformar los ambientes turbulentos en esos tipos que hemos examinado como "de agrupamiento" y "perturbados reactivos". Aunque mediante esas transformaciones una organización puede esperar cierto grado de estabilidad, usando sus estrategias, operaciones y tácticas, los cambios no proporcionarán ambientes idénticos a los originales. En los casos transformados no podrá anunciarse el objetivo estratégico simplemente en base a la ubicación óptima (como en el tipo 2) o las capacidades (como en el tipo 3); más bien deberá formularse en base a la institucionalización.

Las organizaciones se vuelven instituciones al incorporar valores organizacionales que las relacionen con la sociedad en general y se manifiestan en forma aguda en las fallas del liderazgo cuando se confunde logro organizacional o supervivencia, con éxito institucional. El ejecutivo se convierte en estadista al realizar la transición desde la dirección, administrativa al liderazgo institucional.

Entonces, también se modifican los procesos de planeamiento estratégico; en tanto que la institucionalización se vuelve un prerrequisito de la estabilidad, no sólo será necesario parcializar la determinación de una política hacia las metas congruentes con el carácter propio de la organización, sino también elegir caminos que ofrezcan una convergencia máxima respecto a los intereses de otras partes.

Esas organizaciones surgen de la necesidad de enfrentar problemas que emanan de ambientes del tipo 4; de no reconocerse esto será muy fácil construirlos como tipos 3 e intentar asegurarles cierto grado de poder monopolista, al que se opondrá franca resistencia en las sociedades democráticas y resistencia encubierta en las otras. En el primer caso se puede impedir que cumplan sus misiones; en el segundo es de preguntarse hasta cuándo lograrán mantenerse.

Una matriz organizacional, incluye lo que McGregor (1960) la llama Teoría Y, la que a su vez conlleva una nueva serie de valores; pero los valores son cómodos puntos psicosociales que van surgiendo de un modo bastante lento. Muy poco trabajo sistemático se ha dedicado hasta el momento a establecer nuevos sistemas de valores o el tipo de criterio que podría aducirse para permitir que se pruebe empíricamente su efectividad. Churchman y Ackoff (1950) fueron pioneros en esto.

Likert (1961) ha sugerido que, en las grandes empresas o en los establecimientos gubernamentales, tomará entre 10 y 15 años que el nuevo tipo de valores de grupo por el cual este autor se interesa cubra a toda la organización; se necesitará mucho más tiempo - por lo menos una generación, según la opinión popular- para que una nueva serie de valores cubra a toda una sociedad moderna; lo que, a decir verdad, debe constituir un mínimo. Cabe preguntar si esto es lo bastante rápido dada la tasa a la que los ambientes tipo 4 están sobresaliendo. Una tarea urgente de los científicos sociales es dedicar más investigaciones a esos problemas.

Resumen

1.   En el estudio del cambio organizacional es problema central el hecho de que los contextos ambientales donde existen las organizaciones estén transformándose en sí, y a un ritmo creciente, debido a los efectos del cambio tecnológico, económico, y de competencia del mercado mundial; esto significa que merecen atención por derecho propio; para ayudar a tal fin, se ofrece una redefinición, a un nivel social de análisis, de la contextura causal del ambiente.

2.   Lo anterior exige ampliar la teoría de sistemas; se dieron los primeros pasos en ésta cuando se analizaron los procesos internos en los organismos u organizaciones, que relacionaban las partes con el todo. Se podían resolver la mayoría de esos problemas mediante modelos de sistemas cerrados. Se dieron los pasos siguientes cuando fue necesario relacionar el todo con su ambiente, lo que produjo modelos de sistemas abiertos, como el propuesto por Bertalanffy, que incluía a ecuación general de transportación. Aunque esto permite manejar los procesos de intercambio entre el organismo o la organización y los elementos ambientales, no permite manejar aquellos procesos del medio en sí que determinan las condiciones de los intercambios; para analizar a estos últimos se necesita un concepto adicional: la contextura causal del ambiente.

3.   Las leyes que relacionan las partes del ambiente entre sí resultan a menudo inadecuadas para las que relacionan las partes de las organizaciones entre sí o incluso para las que gobiernan los intercambios. Existen peligros y dificultades que surgen cuando se tiene un incremento rápido y considerable en el área de la incertidumbre respectiva, rasgo característico de muchos ambientes contemporáneos.

4.   Los ambientes organizacionales se diferencian por su contextura causal, tanto en el grado de incertidumbre como en muchos otros aspectos importantes. Se sugiere una tipología que identifica cuatro "tipos ideales", de los que existen aproximaciones simultáneas en el "mundo real" de casi todas las organizaciones, aunque su ponderación varía considerablemente:

a) En la clase más sencilla las metas y los elementos cambian relativamente poco en sí y están distribuidos al azar. Se puede llamar a éste un ambiente plácido y aleatorio; desde el punto de vista de la organización es una propiedad crítica el que no hay diferencia entre táctica y estrategia y las organizaciones puedan existir adaptativamente como unidades únicas y pequeñas en extremo.

b) El segundo tipo también es estático, pero metas y elementos no están distribuidos al azar, sino que se mantienen unidos de ciertas maneras. Se puede llamar a esto un ambiente plácido y agrupado, en el que se hace necesario diferenciar entre estrategia y táctica. En tales condiciones las organizaciones crecen en tamaño, se vuelven múltiples y tienden al control centralizado y a la coordinación.

c) El tercer tipo resulta más dinámico que estático y se le ha llamado ambiente perturbado-reactivo; consiste en un medio de agrupamiento en donde existe más de un sistema del mismo tipo; en otras palabras, los objetos de una organización son iguales a otros del mismo tipo o pertinentes a ellos. Esos competidores buscan mejorar los cambios propios obstaculizándose entre sí y sabiendo cada uno de ella que los otros se dedican al mismo juego. Entre estrategia y táctica surge un tipo intermedio de respuesta organizacional, lo que los teóricos militares llaman operaciones, y el control se descentraliza un poco, para permitir llevar a cabo esas operaciones; por otra parte, quizá la estabilidad exija que los competidores lleguen a un compromiso.

d) El cuarto tipo es dinámico en un segundo aspecto: que las propiedades dinámicas no surgen simplemente de la interacción de sistemas componentes identificables, sino del campo en sí. Se ha llamado a ese ambiente "campo turbulento; dicha turbulencia proviene del carácter múltiple y complejo de las interrelaciones causases. Las organizaciones individuales, por grandes que sean, no pueden adaptarse con éxito, simplemente mediante interacciones directas. Se examina la importancia creciente de los valores, a los que se considera una respuesta básica ante áreas persistentes de incertidumbre respectiva, pues proporcionan un mecanismo de control cuando las mantienen en común todos los miembros de un campo; esto plantea la cuestión de las formas organizacionales que se basan en las características de una matriz.

Se usa la perspectiva de los cuatro tipos de ambiente para aclarar el papel de la Teoría X y de la Teoría Y, que representan una tendencia en el cambio de valores. Establecer una nueva serie de valores es un lento proceso social que tomará más o menos una generación, a menos que se elaboren nuevos medios de hacerlo.

4 CONDICIONES AMBIENTALES

Hemos dicho que son las condiciones del entorno o del medio ambiente las que determinan cuatro tipos de ambientes. Vamos a describir más ampliamente cada una de ellas.

1. Las condiciones ambientales generales constituyen aquella parte del entorno organizacional relevante que afecta a todas las organizaciones.

En lo posterior se examinarán algunas de esas condiciones. Se considerarán los factores ambientales más difusos como son condiciones económicas, valores culturales y el entorno organizacional tecnológico.

2. Condiciones Económicas. Otra importante consideración ambiental es la economía, esta suele ser determinante para las empresas cuando se trata e introducir nuevos productos, incrementar su capacidad de producción o eliminar por fases a sus departamentos problemáticos.

Los administradores experimentan comúnmente dos tipos de incertidumbre acerca de las condiciones de la economía. Primero, por lo general es difícil predecir con exactitud las condiciones económicas, aún a corto plazo. El segundo tipo de incertidumbre económica se refiere al impacto que estado general de la economía tiene sobre una organización específica o sobre alguna parte de ella; muchas organizaciones tienen que aceptar el entorno organizacional económico como un freno establecido a sus operaciones, en cambio algunas grandes organizaciones si poseen el poder económico para cambiar las condiciones económicas; así, aunque muchas organizaciones se vean forzadas a tomar el entorno organizacional económico como un freno, otras detentan el poder para afectar parcialmente al desarrollo económico nacional o, incluso, internacional.

El estado de la economía es una importante consideración ambiental. Para aquellas empresas dedicadas a los negocios y al comercio, el entorno organizacional económico es una primera determinante en cuanto a la conveniencia y al momento de introducir nuevos productos, incrementar su capacidad de producción o eliminar por fases sus departamentos problemáticos.

A nivel nacional la historia de la economía ha desarrollado ciclos. Después de los periodos de prosperidad y expansión económica, han sobrevenido épocas de desempleo y recesión. El éxito o fracaso de la política pública se mide en términos del crecimiento económico, el ritmo de la inflación y el nivel de desempleo. Los administradores experimentan comúnmente dos tipos de incertidumbre acerca de las condiciones de la economía. Primero por lo general es difícil predecir con exactitud las condiciones económicas, aún a corto plazo. El segundo tipo de incertidumbre económica se refiere al impacto que el estado general de la economía tiene sobre una organización específica o sobre alguna parte de ella.

Muchas de las organizaciones pequeñas tienen que aceptar el entorno organizacional económico como un freno establecido a sus operaciones. En contraste, algunas organizaciones grandes sí poseen el poder económico para cambiar las condiciones económicas, como ejemplo las grandes compañías acereras o de automóviles. Así, aunque muchas organizaciones se vean forzadas a tomar el entorno organizacional económico como un freno, otras detentan el poder para afectar parcialmente el desarrollo económico nacional o, incluso, internacional.

3. El entorno organizacional tecnológico. Las organizaciones existen también dentro de un entorno organizacional de conocimiento científico y técnico. Todas las organizaciones se apoyan en algún tipo de conocimiento básico que les permita lograr sus objetivos, y aunque todas ellas se enfrentan al entorno organizacional tecnológico, algunas deben prestarle más atención que otras. En este sentido podríamos señalar que son particularmente vulnerables aquellas organizaciones que utilizan una base de conocimientos que muestre cambios rápidos o bien que sea compleja; afortunadamente, existe una gran cantidad de información técnica

fácilmente asequible en el entorno organizacional para aquellas organizaciones que saben cómo controlarla, cabe mencionar que no todas las compañías emplean tecnologías complejas en continuo cambio, por lo que pueden funcionar con una independencia casi total del entorno organizacional tecnológico Aunque todas las organizaciones se enfrentan al entorno organizacional tecnológico, algunas deben prestarle más atención que otras.

Algunas organizaciones invierten considerables sumas de dinero en un intento de ampliar su caudal de conocimientos, y entonces mantienen sus resultados en secreto con el propósito de asegurar su posición de liderazgo en el mercado. No todas las organizaciones emplean tecnologías complejas o en continuo cambio. Algunas utilizan una base de conocimientos que no ha cambiado demasiado en el transcurso de los años y que no es particularmente compleja.

4. La situación político legal. Por otro lado, las organizaciones también existen dentro de un contexto legal y político. Las condiciones legales comprenden una vasta gama de leyes, regulaciones y requisitos gubernamentales a todos los niveles. El entorno organizacional político abarca las presiones que ejercen diversos grupos interesados y sus representantes, la mayoría de las veces las leyes son aceptadas como limitación a la actividad organizacional. Las organizaciones más afectadas por la influencia política son aquellas que actúan en forma irresponsable y las que son socialmente visibles.

Las organizaciones más afectadas por las influencias políticas son aquellas que actúan de forma irresponsable, y las que son socialmente visibles, las organizaciones pequeñas que no violan las normas sociales aceptadas generalmente experimentan muy poca presión o participación política directa,

5. constituye el ambiente sociocultural que afecta de distintas maneras a la organización. Una de ellas es a través de las acciones y expectativas de los empleados, los cuales traen consigo una gran variedad de orígenes, valores e influencias. La segunda forma es aún más directa. Ya que el éxito de las organizaciones depende en última instancia de sus servicios a los clientes o consumidores, esto quiere decir, en esencia, que hay muchas y distintas fuerzas sociales y culturales que actúan en la sociedad, y algunas de ellas pueden encontrarse en conflicto. Al respecto de los valores y principios sociales, existe un tema prominente que sostiene que, si todos los seres humanos actúan según el interés o beneficio, entonces la

sociedad será atendida mediante el mecanismo del mercado: una ética capitalista, opuesta a la supremacía de las necesidades sociales sobre las individuales: o sea una ética social.

La consideración final dentro del análisis del ambiente es el contexto ambiental de mayor amplitud compuesto por las normas, valores y experiencias colectivas. Aunque resulta fácil olvidarlos, estos factores socioculturales ejercen, una gran influencia en las organizaciones. La cultura actual no posee en realidad un conjunto dominante de valores acerca de la acción organizacional.

Nuestra sociedad se caracteriza por el pluralismo ético. Esto quiere decir, en esencia, que hay muchas y distintas fuerzas sociales y culturales que actúan en la sociedad, y algunas de ellas pueden encontrarse en conflicto. El pluralismo ético tolera e incluso fomenta estos puntos de vista opuestos. En nuestra cultura actual existen muchos valores distintos acerca del trabajo.

Algunas personas conciben el trabajo en términos muy utilitarios, es decir, trabajan únicamente por un salario. Otras lo consideran en términos de la realización o satisfacción personal que les proporcione, y algunas otras le tienen muy poco cariño.

6. Unidades ambientales específicas. La organización existe dentro de un campo interorganizacional. Este es el conjunto de organizaciones, grupos e individuos influyentes con los que la organización mantiene relaciones. La relación entre la organización y cualquier unidad de su entorno organizacional puede considerarse desde una escala que desde el conflicto hasta la cooperación.

A las relaciones interorganizacionales se les puede describir también como poseedoras de diversos grados de formalidad. La formalización se refiere al posible uso de reglas, políticas y procedimientos para gobernar esas relaciones. Debido a esto puede integrarse una agencia interorganizacional, la que debe ayudar a las diferentes organizaciones en sus esfuerzos unidos, estas agencias exigen a cada empresa que abandone una parte de su libertad de acción.

7. Proveedores. Todas estas variables y contradicciones dentro de un campo interorganizacional. Este está constituido por el conjunto de organizaciones, grupos e individuos influyentes con los que la organización mantiene relaciones. A estas relaciones interorganizacionales se les puede describir también como poseedoras de diversos grados de formalidad. La formalización se refiere al posible uso de reglas, políticas, procedimientos para gobernar esas relaciones. Dentro de estas mismas relaciones, existe

un grupo importante, los proveedores de personal, capital, materias primas y otros recursos. Los proveedores se convierten en agentes externos cruciales para muchas organizaciones, ya que el insuficiente abastecimiento es una importante amenaza para su operación y supervivencia. Por lo general las compañías buscan definir estándares y especificaciones para los diversos recursos y proveedores que necesitan, recordando que las relaciones con estos pueden ser cooperativas y competitivas. Por lo general las organizaciones buscan definir estándares y especificaciones para los diverso. Las relaciones de los proveedores pueden ser cooperativas y competitiva, las relaciones conflictivas se observan a menudo entre organizaciones que se tienen poca confianza.

8. Clientes. Un componente que igualmente resulta esencial en las organizaciones son aquellas personas o grupos que utilizan o consumen los productos o servicios que genera la empresa, los clientes, los cuales pueden contribuir a que las organizaciones sean dependientes, por ejemplo:

- tienen muy pocos clientes o los que poseen actúan en forma cooperativa.
- una gran parte de sus ingresos totales la obtienen de una sola actividad o producto.
- generan un producto o servicio para el que existen muchos sustitutos.
- tienen una imagen negativa entre los consumidores.
- están dedicados a un cliente determinado.
- tienen poca información sobre los clientes.

Al igual que con los proveedores las relaciones con los clientes pueden ir de la cooperación al conflicto.

Se incluyen aquí los mayoristas para los productos manufacturados, los clientes de los bufetes y los partidarios locales de un equipo profesional de fútbol, por ejemplo.

En sentido básico, los clientes y los consumidores son esenciales para la supervivencia de la organización, ya que ésta no podría continuar sus operaciones sin ellos. Esto hace que a menudo se inviertan sumas considerables para mantenerse al día con las actitudes del consumidor y para tratar de ganar clientes en beneficio de la organización.

9. Competencia. Es necesario añadir a todo lo anterior un elemento más, la competencia. Un factor de significación para determinar el entorno organizacional competitivo de una organización es el tipo de economía de mercado que interviene. Los mercados

monopolistas son aquéllos en los que hay un solo productor de alguna forma de bienes y servicios. Los oligopolios son mercados dominados por unas cuantas organizaciones grandes en los que los precios son establecidos sólo después de un estudio cuidadoso de la respuesta de la competencia. Los sistemas monopolísticamente competitivos se componen de un elevado número de vendedores, y cada uno de ellos intenta diferenciar sus productos de los demás a fin de tener menos competencia. Por último, un mercado puramente competitivo es aquel en el que un gran número de productores ofrecen productos indiferenciados.

El precio lo determinan las condiciones totales de mercado que escapan al control de cualquier organización. Por lo tanto, las empresas puramente competitivas consideran a sus competidores sólo como un todo agregado. En los mercados monopolísticamente competitivos, el mercado impersonal es todavía una fuerza intensa, pero cada organización intenta hacer que sus productos parezcan diferentes que los otros mediante la publicidad, el diseño de producto, el envase, la presentación, etc.

Los oligopolios por su parte, como las grandes compañías acereras y las fábricas de automóviles, enfrentan la competencia de unas cuantas compañías, en estos casos una empresa puede concentrar su atención en las características competitivas de otras organizaciones y planificar sus estrategias de acuerdo con esto. Algunos otros indicadores de alta dependencia por parte de las organizaciones son:

- tienen competidores con una mayor capacidad de movilizar recursos.
- tienen competidores con una imagen más positiva.
- sus competidores disponen de una mejor información acerca del mercado.

Virtualmente todas las organizaciones tienen competidores. Hasta las empresas estatales de servicio público, que son monopolios protegidos, enfrentan la competencia de firmas que ofrecen productos y servicios similares en el entorno organizacional. Estas organizaciones pueden competir por clientes o por materias primas.

Los mercados de monopolios competitivos, los oligopolistas, los monopolistas y los mercados puramente competitivos comportan diferentes tipos de relaciones de competencia. Un mercado puramente competitivo es aquel en el que un gran número de productores ofrecen productos indiferenciados. El precio lo determinan las condiciones totales del mercado que escapan al control de cualquier organización. Cada uno de estos tipos de mercado define una clase distinta de relación competitiva.

Las empresas puramente competitivas consideran a sus competidores sólo como un todo agregado. Es la fuerza del mercado mismo, no un competidor individual lo que interesa a cada organización. Las organizaciones comerciales intentan a menudo establecer una posición de fuerza en el mercado mediante la diferenciación del producto y la segmentación del mercado.

10. Reguladores. Las agencias reguladoras son la cuarta y última categoría de los grupos ambientales. Los reguladores pueden ser públicos o privados, lucrativos o no. Los reguladores son importantes ya que sus sanciones resultan cruciales para la supervivencia de una organización, ellos disponen con frecuencia del poder de invocar remedios verdaderamente significativos. Con frecuencia es difícil de lograr un buen equilibrio entre los intereses y las opiniones representativas. Debe tenerse presente que las agencias reguladoras son en esencia entidades políticas y han de evaluarse dentro de ese contexto.

La relación entre la organización y el regulador puede ser cooperativa o competitiva, formal o informal. Como es de esperarse, el grado de cooperación de una empresa depende de la posición del regulador en relación a los intereses de la organización. Algunas organizaciones reciben muy poca presión de cualquier tipo de reguladores. Sólo se espera que actúen dentro de los estándares generales de lo moral y legal y poco más. En comparación, otras empresas deben tener gran cuidado de no violar una serie de diferentes normas reguladoras.

Por otra parte, existen reguladores que son importantes ya que sus sanciones resultan cruciales para la supervivencia de una organización. De igual forma las relaciones entre las empresas y el regulador puede ser competitiva y de cooperación. Existen también empresas también empresas especialmente dependientes de los reguladores:

• son reguladas por agencias con facultades para invocar sanciones de significación penal.
• son reglamentadas en áreas que amenazan a sus capacidades.
• son reguladas en áreas donde su rendimiento es visible.
• son reglamentadas por agencias con numeroso personal investigador.
• son reglamentadas en algunas áreas donde existen muchos precedentes de regulación.
• tienen una mala relación con la agencia reguladora.
• tienen poca información sobre las regulaciones específicas.

11. Una característica significativa del entorno organizacional es la incertidumbre que conlleva éste. No obstante, es el administrador, y no el entorno organizacional en sí mismo, el que expresa

incertidumbre. La incertidumbre que perciben los administradores puede ser causada por una variedad de factores como lo son: el número de unidades específicas en el entorno organizacional, la diferencia entre ellas, la tendencia de esas unidades a interactuar y por último la velocidad con que cambian. En las secciones siguientes se examinará cada uno de estos incisos. El entorno organizacional con un número elevado de distintos elementos que interactúan y cambian con rapidez da lugar a mucha incertidumbre.

Un tema de actualidad en la mayor parte de la literatura organizacional es el que afirma que el entorno organizacional se caracteriza por una creciente incertidumbre. Los fundamentos de esta tendencia se dejan ver en los cambios ambientales generales de valores, tecnología, condiciones económicas y asuntos político-legales, el cambio dominante es el que se presenta en los valores postindustriales

Es el administrador y no el entorno organizacional en sí mismo el que expresa incertidumbre. La incertidumbre que perciben los administradores puede ser causada por una variedad de factores.

TECNOLOGÍA Y CAMBIO ORGANIZACIONAL

Tecnología es un término que admite muchos significados, en un sentido amplio, la tecnología es algo más que cosas materiales, puesto que se refiere a un concepto más abstracto del conocimiento y sus aplicaciones. El ambiente tecnológico se refiere a los conocimientos y a los métodos en el ambiente organizacional que son pertinentes en el proceso de transformación de la organización.

La tecnología de la organización es indispensable para la forma como transforma insumos en productos. No se puede ignorar la tecnología que se usa en el proceso de transformación, así como tampoco la asequibilidad de las materias primas y la demanda de productos y servicios.

Las diferencias tecnológicas crean en verdad una diferencia en el tipo de cosas que suceden en las organizaciones, y en cualquier empresa determinada esas diferencias hacen que algunas prácticas administrativas sean más eficaces que otras.

La tecnología organizacional se refiere a la suma de conocimientos y métodos utilizados para transformar los insumos en los productos deseados. La tecnología en su sentido más amplio abarca una gran diversidad de actividades. Los procesos tecnológicos pueden encontrarse en las acererías, las compañías de seguros y los centros de asesoramiento.

Aunque la maquinaria que interviene en tales operaciones difiere considerablemente, sí abarca aplicaciones tecnológicas. Cuando la tecnología de una organización es analizada, lo que el observador deberá hacer para entender mejor dicha tecnología, es tratar de identificar los insumos, el proceso de transformación y los productos en la operación. Esto le permitirá comprender lo que se transforma, la forma como se realiza y los resultados finales. El concepto de integración del flujo de trabajo se usa a veces para ayudarle al investigador a compilar información sobre la tecnología de una organización.

Lo que un observador deberá hacer para entender mejor la tecnología de una organización es tratar de identificar los insumos, el proceso de transformación y los productos en la operación. Esto le permitirá comprender lo que se transforma, la forma como se realiza y los resultados finales.

1. El índice de mecanización. Un indicador de la naturaleza de la tecnología de cualquier operación es el grado en el que se usan las máquinas en relación con las personas, al que se le conoce como índice de mecanización. un índice bajo sugiere que el uso de las máquinas es inapropiado en la manipulación de las materias primas, o que resulta antieconómico mecanizar el proceso de transformación. Un índice alto de mecanización significa que las máquinas han sustituido a los trabajadores a un gran nivel, esto sucede cuando las materias primas y el proceso de transformación son estandarizados.

En las organizaciones de servicios la tecnología novedosa es evidente en el grado de actualización de las habilidades de los empleados. Como la definición de tecnología lo sugiere, en cualquier proceso de transformación se requiere un cierto nivel de conocimientos. En los sistemas de producción por la línea de montaje, el conocimiento se aplica con antelación a la producción. Las refinerías de petróleo, las fábricas de productos químicos y las panaderías muy automatizadas requieren de niveles muy altos de habilidad en la fase de planeación y diseño. Una vez en operación, el proceso es tan complejo que sus operaciones diarias han de ser supervisadas y controladas por expertos.

Por lo general resulta fácil identificar si el conocimiento interviene principalmente en la etapa de planeación y diseño o en la operación diaria. Si la mayoría de los empleados más especializados de la organización intervienen en la planeación y en el diseño, entonces suele encontrarse un proceso tecnológico relativamente mecanizado. En comparación, si la mayor parte del personal especializado interviene en el mismo proceso de producción, la tecnología tiene más posibilidades de no ser muy mecanizada o automatizada.

2. Clasificación de la tecnología. Por la variedad de enfoques que existen en la literatura de investigación, una forma de comenzar consiste en definir la tecnología como la suma de tres facetas: 1) la mecanización y la secuencia de

las actividades del flujo de trabajo, 2) las características de las materias primas., y 3) el conocimiento aplicado en el mismo flujo de trabajo.

3. La tecnología de proceso y la seguridad. Virtualmente todas las plantas que usan tecnología de proceso son vulnerables a accidentes y lesiones en gran escala. Una razón es que las operaciones de proceso como los laboratorios químicos, las refinerías de petróleo, transforman materiales a los que no pueden tratarse de forma manual. En ciertos casos, la exposición a los materiales significa una lesión segura o incluso la muerte. En razón a la naturaleza de la tecnología, suelen implantarse diversas precauciones de seguridad.

4. Características de las materias primas. Una segunda faceta de la tecnología se refiere a las características de las materias primas utilizadas en el flujo de trabajo. La materia prima transformada puede ser física, como en el caso de la fabricación de metales; puede tratarse de un ser humano, en el caso de una agencia del bienestar; o tal vez sea un símbolo, como en el caso de un banco o una agencia de publicidad.

Las materias primas poseen tres características que ayudan a determinar el tipo de tecnología que habrá de usarse: comprensibilidad, variabilidad y estabilidad.
La comprensibilidad significa el estado de pericia para el análisis de las características del material. La variabilidad, como ejemplo están las variaciones en el alambre de cobre, en los impulsos eléctricos y hasta en las semillas del maíz híbrido pueden reducirse al mínimo si la organización así lo desea. La estabilidad de las materias primas es la tercera dimensión clave.
Las materias primas inestables son aquellos materiales vulnerables a cambios que hacen disminuir su valor a no ser que se manejen con mucho cuidado. Estas tres características de la materia prima determina a su vez otra clasificación de la tecnología a saber, el sí es rutinaria o no rutinaria.

5. El conocimiento utilizado en el flujo de trabajo. El conocimiento del flujo de trabajo es visto como un tercer gran sistema de clasificación para la tecnología. Su tipología triple define a las tecnologías en razón a la facilidad con la que puedan entenderse y controlarse.
    1. Tecnología de largo eslabonamiento.
    2. Tecnología mediadora
    3. Tecnología intensiva.

6. Complejidad tecnológica. Las tres clasificaciones de la tecnología que se ha presentado parecerían sugerir una escala general que va desde la tecnología sencilla a la compleja, lo que corresponde a la gama que abarca desde la

producción unitaria/ lote pequeño, a la producción en masa y a la de proceso. La difusión técnica se refiere a la situación en la que se usa una variedad de habilidades y procesos técnicos para generar una diversidad de productos elaborados según especificaciones. Es la producción unitaria de lote pequeño la más compleja en este sentido, ya que la fabricación según especificaciones que se requieren aquí necesita de una innovación muy extensa y de una discreción muy hábil durante el proceso mismo. Las clasificaciones estudiadas ayudan a entender la tecnología de una organización y el impacto que tiene en otras dimensiones organizacionales.

Otras variedades de problemas organización-ambiente

No todas las cuestiones que abarcan transacciones entre el ambiente y las unidades organizacionales son del tipo de apareamientos erróneos, directamente solubles del modo que se ha estado examinando; los ejemplos que van a presentarse marcan la gama y variedad de problemas que es posible analizar más sistemáticamente en esta faceta y que se mueven de un modo más previsible por todo el ciclo de desarrollo.

Conclusión

No siempre ha resultado adecuado o posible, en esas situaciones, subrayar por igual todas las fases del ciclo de cambio: se necesita flexibilidad. Por ejemplo, la fase de diagnóstico varía desde un trabajo sumamente específico y cuantificativo a estudios más cualitativos, basados en observaciones realizadas y compartidas por los gerentes.

En particular, debe notarse que en esos casos se han buscado las metas de cambio mediante una amplia variedad de métodos; se han empleado programas educativos específicamente diseñados, en los que se usaron varias técnicas pedagógicas; se han usado desplazamientos de la estructura formal, que van desde una reorganización importante hasta cambios en el contenido de papeles particulares y sus ocupantes. La amplia gama de variables manejadas podría hacer pensar que se trata de un enfoque más bien caótico que sistemático para mejorar las transacciones organización-ambiente, de no ser por una serie consistente de conceptos y métodos de diagnóstico, aplicados en cada caso. La claridad en la conceptualización ha fomentado la flexibilidad en la elección de métodos de cambio.

El uso de métodos conductuales para mejorar el ajuste entre unidades organizacionales y sus sectores situados en el ambiente es un campo de aplicación relativamente nuevo; los primeros pasos dados en él, y de los cuales informamos aquí, hacen pensar que en el futuro se tendrá un conjunto mucho más amplio de posibilidades de aplicación.

Las organizaciones se plantean retos y han demostrado que el presente es de quienes se adapten más agresivamente a las nuevas realidades, que las ciencias gerenciales modernas tienen sentido cuando se aplican adecuadamente, que los retos del futuro son superables cuando se toma conciencia del papel de la innovación en un entorno cambiante.

A medida que las organizaciones desafían el cambio, será determinante que la gerencia desarrolle nuevas tecnologías en función de mejorar las destrezas y habilidades de los individuos.

La esencia de la gestión de la alta gerencia es visualizar acertadamente hacia donde se deben encaminar los esfuerzos de una organización, y lograr moverla al menor costo. Sin embargo, hacer esto no es fácil, ya que se presentan imprevistos, y tantas posibilidades de limitaciones únicas, que resulta complejo enfrentarlas con esquemas rígidos- pero ejecutar el cambio con enfoques nuevos, sugiere que el cambio en alguna forma es un fenómeno que presenta un reto sin precedentes.

INDIVIDUO Y CAMBIO EN LAS ORGANIZACIONES'

El tercer acercamiento al cambio organizacional establece que éste sólo puede existir cuando se da un cambio en el individuo pues la "organización" es una ficción para representar las voluntades e identidades colectivas que interactúan en la organización. Para conseguir el cambio total de la organización se debe iniciar por cambiar los patrones individuales, por lo que el establecimiento de una cultura organizacional propicia para el cambio es la premisa fundamental de esta orientación.

Un grupo cualquiera no es una organización, para serlo debe existir algún tipo de pensamiento o sentimiento comunes entre sus miembros. Pero eso no significa que un grupo organizacional posea actitudes propias de poseer algo lo hace a causa de una norma jurídica que le dota de personalidad fictícia,. Sin embargo, las presunciones jurídicas no atribuyen un sesgo emocional a las organizaciones. No cabe afirmar que un grupo se "comporte", ni mucho menos que piense o sienta, por el mero hecho de que se halle legalmente constituido. A pesar de su fuerza argumental, lo anterior es negado frecuentemente en forma implícita. La teoría democrática se fundamenta en la idea de la voluntad colectiva.

El redescubrimiento de los trabajos de Ludwick Fleck en filosofía de la ciencia nos proporciona elementos adicionales para el estudio de esta postura teórica. Fleck fue más lejos que Durkheim en el análisis de la idea del grupo social e introdujo diversos términos técnicos: el colectivo de pensamiento (equivalente al grupo social de Durkheim) y su estilo de pensamiento (equivalentes a las representaciones colectivas), que guía y educa a la percepción y produce una acumulación del conocimiento. "El individuo no tiene nunca, o casi nunca, conciencia de estilo de pensamiento colectivo, que casi siempre se ejerce sobre su pensamiento una coerción absoluta y contra el que es sencillamente impensable una oposición. (Fleck, 1986:87-88)

Desde esta visión, afirmar que los integrantes de una organización están vinculados por un sentimiento de comunidad no es sencillamente afirmar que muchos de ellos profesan sentimientos comunitarios, sino más bien que conciben su identidad como si, en cierta medida, estuviese definida por la comunidad de la que forman parte.

Este enfoque también considera el impacto del entorno organizacional y social ya que de manera característica, cuando uno o más individuos de la organización ven algo en el medio ambiente que exige una conducta diferente por parte de los miembros de la misma, él (o ellos) procura entonces mover a otros de la organización a hacer este cambio en su conducta.

Esta postura intenta resolver la cuestión de si los estudios del cambio individual pueden contribuir a nuestra comprensión del cambio en las organizaciones, ya que sin duda el hecho de ser miembro de una organización formal coloca al individuo en una red poderosa de influencia, y cualquier explicación de cambios en su conducta y actitudes debe tomar en cuenta esta red. En las organizaciones existen varios grupos de interés implicados en procesos complejos de intercambio social y económico, y estos procesos se repiten con el tiempo. Estas relaciones recurrentes son la base de las organizaciones y nos permiten distinguirlas. Un cambio introducido en una organización tendrá impacto sobre esas relaciones de intercambio. El identificar los grupos de interés y trazar el impacto del cambio a evaluar sobre las relaciones de intercambio que existen entre dichos grupos de interés contribuye al entendimiento del proceso.

Los miembros de cualquier grupo de interés afectado por un cambio en la organización dispondrán de un repertorio de comportamientos que dependerá de determinadas circunstancias socioeconómicas y de la posición táctica de los diversos grupos de interés que se derivan de dichas circunstancias. Todo cambio debe elevar la efectividad organizacional y reducir los impactos del cambio sobre el futuro comportamiento de las personas dentro de la organización. La evaluación en el contexto del cambio se puede realizar definiendo la organización del trabajo en términos de estructura, tecnología y tareas la estructura de poder y control. Pero no debemos permitirnos suponer que la conducta en organizaciones formales no tiene coherencia con la conducta humana en otras partes.

El objetivo del cambio, de los programas de cambio planificados, está en la conducta y las actitudes de los individuos. Estas actitudes y acciones forman dentro de una organización parte intrínseca de sistemas formales e informales más grandes, pero la obra de los procesos sociales tiene lugar finalmente como procesos intrapersonales e interpersonales.

Un modelo de secuencias realiza una cantidad de funciones y proporciona una dimensión a lo largo de la cual se ordenan acontecimientos y llama la atención sobre acontecimientos y condiciones de los límites de los fenómenos que se examinan. Creo que, con demasiada frecuencia, aquellos de nosotros que administramos o estudiamos organizaciones tendemos a ser ahistóricos en nuestro enfoque y nos olvidamos de la secuencia de los acontecimientos y su impacto e importancia como factores asociados al cambio.

SUBPROCESOS

El tiempo es importante y un modelo de secuencias es útil para señalar la tendencia al movimiento ordenado vinculada con acontecimientos anteriores. Pero, también evidente que no hay un proceso solo en acción, sino varios, todos moviéndose simultáneamente. Cuando la influencia tiene éxito, los cambios se producen no sólo en la manera en que un individuo se relaciona con el agente de la influencia, sino también con su compañero de tareas y consigo mismo. A medida que se desvanecen y reforman los patrones de interacción tienen lugar cambios dentro de los individuos, cambios en sus sentimientos para con ellos mismos y en los objetivos que buscan.

Identificamos cuatro subprocesos principales que caracterizan el cambio individual con éxito.

Es obvio que la primera condición para el cambio es la sensación de una tensión o una necesidad sentida de cambio de los integrantes de la organización. Resulta importante advertir que se trata de situaciones cualitativamente diferentes, en más de un sentido, del medio de la industria en comparación con los alcohólicos y los pacientes de la psiquiatría que comparten una angustia emocional y una ausencia de control sobre sus propios actos que los distinguen de los hombres que trabajan en organizaciones industriales. Pero, como en los estudios de la industria, los intentos de influir sobre la conducta tienen probabilidad elevada de éxito únicamente si los individuos han estado experimentando angustia interior.

Es obvio también que en una organización la necesidad de cambio no se experimenta uniformemente por toda ella, y su localización en la estructura organizacional contribuye a determinar los métodos a emplear para efectuar el cambio. Si la tensión la siente principalmente la alta dirección, pero no los de los niveles más bajos, la gestión por el cambio se llevará a cabo a través de la estructura de autoridad existente. La resistencia suele adoptar la forma de estratagemas y anuencia simbólica. Sí, por otra parte, la tensión existe en la parte inferior de la estructura legítima de poder, pero no en la superior, los intentos de cambiar la organización asumen la forma de una rebelión y un ataque a la estructura de autoridad existente. El grado y la localización de la tensión contribuyen también a determinar los resultados.

CONCLUSIONES

Aunque en cada apartado se dibujan nuestra posición con respecto a las teorías de cambio organizacional, trataremos, en pocas líneas, de hacer una conclusión de las conclusiones.

Un mundo basado en imágenes de maquina es un mundo lleno de fronteras. En un maquina cada pieza conoce su lugar. Al hacer lo mismo con las organizaciones se han creado fronteras en las funciones: finanzas, ventas, producción, personal, dibujando líneas de autoridad y límites a las responsabilidades, aún se han dibujado límites al flujo de experiencias. Esas omnipresentes fronteras crean un intenso sentido de solidez, de estructuras que aseguran las cosas, una clase de seguridad. Aunque hablamos de organizaciones sin fronteras, es difícil imaginar vida en tal organización, condicionados como estamos a las fronteras que protegen y definen. Las fronteras también crean un sentido de identidad.

Sin embargo, el mundo comienza a lucir más como un pensamiento que como una gran máquina. Cuando el mundo cese de ser una máquina, cuando comencemos a reconocer su dinámica, sus cualidades vivientes, los aspectos más familiares desaparecerán. Es por ello que la primera orientación revisada – la autopoíesis –impacta por su novedad, pero también por las bases científicas que la soportan. Sin embargo, es cierto que sin el cambio de las células del sistema organizacional – las personas – no podrá existir el cambio en el nivel macro organizacional.

Lo que sí debemos definitivamente hacer es olvidarnos de la visión simple del impacto lineal del medio ambiente sin la posibilidad de interaccionar. Esta visión le ha hecho mucho daño a las organizaciones y, por consiguiente, a la teoría organizacional.

Podemos concluir que los grandes avances en teoría del cambio organizacional se dieron entre 1974 y 1996. A partir de esta fecha, salvo la inclusión del caos, la incertidumbre y la globalización como factores de cambio, no hay nada nuevo, es el mismo viejo contenido en una nueva botella que tiene nombres rimbombantes y atractivos para vender bien.

Podemos concluir, finalmente, que no hay sólo una estrategia. No hay sólo un modelo. No hay sólo una herramienta que nos sirva para el cambio organizacional. Las últimas páginas nos facilitarán especular sobre una elocuente pregunta (ciertamente no la más favorable) que debe plantearse al menos algún lector ¿Qué significa todo esto, qué importancia tiene?

El cambio organizacional no tiene sentido por sí mismo, aunque muchos estudios y artículos de prensa lo exijan como tal. El objeto es lograr un mejor desempeño en la prestación de los servicios y en la calidad de un producto. ¿Qué esperamos que produzca esta empresa, este departamento gubernamental? Calidad, por supuesto.

¿Qué tal si incluyésemos la idea de credibilidad y rapidez; de complementariedad y eficacia; de curiosidad y de aprendizaje continuo? En muchas empresas y entidades de
la administración pública, esos requerimientos (credibilidad, eficacia...) ya figuran en la agenda del día, sea porque el laberinto burocrático tiene tan alto costo que cualquier esfuerzo por mejorar los ingresos fiscales cae en saco roto, o sea porque los clientes se fugan. La pregunta es ¿cómo cambiar esta situación?

Esperamos que el lector haya podido deducir de los capítulos precedentes, que la configuración de los procesos de cambio depende siempre de la situación específica. Por eso, trabajamos a favor de un cambio del mismo modo que un ingeniero de puentes: él debe adaptar la construcción de un puente al entorno, teniendo en cuenta las posibilidades de integración en el contexto, la envergadura, los materiales y la utilización futura. De la misma manera, los conceptos y las herramientas para llevar a cabo el cambio organizacional deberían ser adaptados al lugar, a las personas y a sus aspiraciones. En lugar de imponer una receta prefabricada, busquemos soluciones locales, construyendo un modelo organizacional con los miembros de la organización. Vale mencionar aquí, que el cambio organizacional no requiere un nuevo tipo de personas, ya que una de las características del ser humano es su enorme capacidad de adaptarse y de crear nuevas formas de convivencia. El cambio organizacional no es más que un modesto camino para fomentar el crecimiento de un nuevo comportamiento y de nuevas actitudes a base de nuevas formas de trabajo y de comunicación.

Como ya anotamos en el último capítulo, no podemos evitar hablar de la distribución del poder. Desde nuestro punto de vista, la cuestión del poder se convierte en un peligroso caballo de Troya si tratamos de hacer un rodeo alrededor del tema.

Al hablar del cambio organizacional no se debe ocultar nunca que tratamos de buscar soluciones dignas para hombres y mujeres. Siempre hay demasiadas personas que trabajan en organizaciones que no les ofrecen oportunidades para el desarrollo de sus habilidades económicas y mentales. Aquí se abre un campo de tensiones para incontables personas que trabajan unos cuarenta años de su vida en una fábrica o en una oficina: ya que hay una enorme distancia entre las condiciones reales de vida y de trabajo, y sus anhelos o aspiraciones que surgen del convencimiento de que ellos tienen derecho a mejores oportunidades. Al mismo tiempo, ese campo de tensiones es la fuente de diversos esfuerzos —tanto de los que se sienten perjudicados, como de los que están conscientes del potencial perdido— a fin de reducir tal distancia. Estos esfuerzos me parecieron siempre inspiradores. Desde luego, cualquier cambio organizacional —en nuestra opinión— debería fundarse en estos esfuerzos y fomentarlos.

En su libro *"The Heart of Change"* John P. Kotter (2013) nos da un ejemplo de la sobre simplificación tipo recetas para el cambio, él describe los pasos a seguir para conseguir un proceso de cambio organizacional exitoso. Después de analizar el cambio en numerosas empresas en Estados Unidos, Kotter llegó a la conclusión que un proceso de cambio exitoso consta de 8 pasos a seguir. En su libro explica, como compañías exitosas han aplicado estos 8 pasos y qué es lo que no hay qué hacer.

"El corazón del cambio está en las emociones. El flujo ver + sentir =cambio, es más poderoso que análisis + pensamiento =cambio" dice Kotter.

La tesis que subyace esta teoría dice que es necesario llegar a lo profundo de los sentimientos de la gente para que sean proactivos al cambio. Los líderes del cambio no deben apelar a la lógica racional de los colaboradores sino a los ojos y al corazón.

Estos son los 8 pasos que todo proceso de cambio debería seguir según John Kotter.

1) Aumentar la sensación de urgencia. Demuestre, no lo diga simplemente que el proceso de cambio es 'urgente'.

2) Formar a un equipo guía para el cambio, no sólo de top managers. Las ideas deben provenir de todos los niveles de la empresa.

3) Tener la visión correcta. Desarrolle una visión motivadora para que todos trabajen en pos de esa visión.

4) Comunicar para fidelizar. Es necesario comunicar esa visión, la urgencia con honestidad, claridad y pasión.

5) Remover barreras para empoderar la acción. Es necesario hacer frente a los obstáculos para el cambio como pueden ser actitudes cínicas, procedimientos vetustos o falta de recursos.

6) Estipular objetivos de corto plazo. Hay que empezar por realizar pequeños cambios que se concreten en corto plazo y que construyan esperanza y mayor energía para continuar.

7) Mantener el foco en el objetivo final. No perder de vista el objetivo máximo del proceso de cambio.

8) Institucionalizar los nuevos comportamientos de la compañía, actitudes y procesos. El cambio va de la mano de un cambio cultural que ocurre sólo cuando la gente se abre a nuevos valores y modifica sus costumbres.

Kotter es uno de los escritores más exitosos en términos de ventas y ejemplifica la superficialidad del análisis sobre cambio organizacional. Los ocho pasos son tan sólo palabras comunes que se han venido diciendo desde los años sesenta. Hoy tenemos a cientos de charlatanes, como los definía Peter Drucker, tratando de vender vino viejo en botellas nuevas. Esa es la razón de haber hecho este largo recorrido, para poder distinguirlos y para concluir que "no hay nada nuevo bajo el sol".

El entorno económico actual es turbulento e inestable a diferencia de otras épocas donde era importante mantener la estabilidad. A pesar de esto, la gente se resiste al cambio en particular porque no han tenido experiencias exitosas de cambio. Por lo tanto, no vale la pena gastar en nuevos productos - así se promocionan – cuando podemos recurrir a los clásicos del cambio y transformación organizacional ¡¡¡que siguen vigentes de manera increíble!!!

5 BIBLIOGRAFÍA

TEMAS GENERALES DE CIENCIA

Brigs, John, y F. David Peat. Turbulent Mirror: A Illustrated Guide to Chaos Theory and the Science of Wholeness. New York: Harper and Row, 1989.

Capra, Fritjof. The Turning point:. Science, Society and the Rising Culture. New York: Bantam Books, 1983.

Cole, K. C. Sympathetic, Vibrations.. Reflections on Physics as a Way of life. New York: Bantam Books, 1985.

Coveney, Peter, y Roger Highfield. Arrow Of Time: A Voyage Through Science to salve This Greatest Mystery. New York: Fawcett Columbine, 1990.

Ferris, Timothy. Coming of Age in the Milky Way. New York: Doubleday, 1988.

Fleck, Ludwick, La génesis y el desarrollo de un hecho científico, Madrid, Alianza Universidad, 1986.

Lewin, Kurt, Field Theory in Social Science. New York. Harper & Row, 1961.

Peat, E Dacid. The Philosophers Stone: Chaos, Synchronicity and the Hidden Order of the World. New York: Bantam Books, 1991.

Talbot, Michael. Beyond the Quantum. New York: Bantam Books, 1986.

FISICA CUANTICA

Capra, Fritjof. The Turning Point.- Science, Society and the Rising Culture. New York: Bantam Books, 1983.

Herbert, Nick. Quantum Reality: Beyond the New Physics. New York: Anchor Books:
New York, 1987.

Talbot, Michael. Beyond the Quantum. New York: Bantam Books, 1986.

SISTEMAS QUE SE AUTOORGANIZAN

Jantsch, Erich. The Self-Organizing Universe. Oxford: Pergamon Press, 1980.

Prigogine, Ilya, and Isabelle Stengers. Order Out of Chaos. New York: Bantam Books, 1984.

MATURANA, Humberto. La realidad: ¿Objetiva o construida? México: Anthropos/Universidad Iberoamericana/Iteso, 1995.
MATURANA, Humberto. II. Fundamentos biológicos del conocimiento. A realidad: ¿Objetiva o construida? México: Anthropos/Universidad Iberoamericana/Iteso, 1996.

TEORIA DEL CAOS

Briggs, John, and David Peat. Turbulent Mirror.- An Illustrated Guide to Chaos Theory and the Science of Wholeness. New York: Harper and Row, 1989.

Gleick, James. Chaos: Making a New Science. New York: Viking, 1987.

Lincoln, Yvonna S., ed. Organizational Theory and Inquire: The Paradigm Revolution. Beverly Hills: Sage, 1985.

Peat, David f. Synchronicity. New York: Bantam Books, 1987.

Monroy, Cesar. Teoría del caos. México, AlfaOmega, 1997.

TEORIA ORGANIZACIONAL

Albert, l., Michaud, y. Piotte, R., La dirección del personal. Barcelona: Herder, 1981.

Aldrich, Howard E., Organizations and Environments, N.J. Prentice – Hall. 1979.

Allen, Louis A., Management and Organization, McGraw Hill, 1968.

Argyle, M., Psicología social del trabajo. Bilbao: Deusto, 1977.

Psicología del comportamiento interpersonal. Madrid: Alianza, 1978.

Argyris C., Los presupuestos y los problemas humanos que ocasionan. Bilbao: Deusto, 1978.

Comportamiento PDG es clave para el desarrollo organizativo. Bilbao: Deusto, 1979.

El individuo dentro de la organización. Barcelona: Herder, 1979.

Personalidad y organización. Madrid: I.N.A.P., 1964.

Increasing leadership effectiveness. New York, Wiley, 1976.

Bandura, A. y Walters, R.H., Aprendizaje social y desarrollo de la personalidad. Madrid: Alianza, 11982.

Barnard, C.I., Las funciones de los elementos dirigentes. Madrid: C.E.C., 1959.

Barnes, R.M., Estudios de movimientos y tiempos. Madrid: Aguilar, 1966.

Bazinet, A., La evaluación del rendimiento. Barcelona: Herder, 1984.

Blake, R. R. & otros, Pasos adelante en el desarrollo organizativo. Bilbao: Deusto, 1979.

Beckhard, Richard, Desarrollo organizacional: estrategias y modelos. México, FEISA, 1973

Beckhard, Richard y Reuben T. Harris. Transiciones organizacionales. México, SITESA, 1987.

Bennis, Warren, Desarrollo organizacional: su naturaleza, sus orígenes y perspectivas. México, FEISA, 1973

Bennis, Warren, Beyond Bureaucracy, New York, McGraw-Hill, 1986

Bingham W. D. y Moore, B. V., Cómo entrevistar. Madrid: Rialp, 1973.

Buckley, W., La sociología y la teoría moderna de los sistemas. Buenos Aires: Amorrortu, 1977.

Burisch, W., Sociología industrial. Madrid: Pirámide, 11981.

Burke, W.Warner. Desarrollo organizacional. México, SITESA, 1988.

Champy, James y Nitin Nohra, Fast Forward. New York, HBR Books, 1996.

Cannon, Tom, La responsabilidad de la empresa. España, Folio, 1994.

Chaple y Sayles, The man, teh job, and the organization, H.B. New York, 1954.

Cronbach, L.J., Fundamentos de la exploración psicológica. Madrid: Biblioteca Nueva, 1972.

Cohen, A. R. , Fink, S.L. ET AL. Effective behavior in organizations. Ill. Irwin, 1980.

Crozier, M., El fundamento burocrático. Buenos Aires: Amorrortu, 1969.

Cyert y March, Teoría de las decisiones económicas en la empresa, México, Herrero Hnos. 1965.

Davis, Stanley y Paul Lawrence. Organizaciones matriciales. México, FEISA, 1981.

Dierksmeier, Claus. Reframing Economic Ethics: The Philosophical Foundations of Humanistic Management (Humanism in Business Series). McMillan Press 1st ed. 2016 Edition

Doise, W., Psicología social y relaciones entre grupos, 2 vols. Barcelona: Rol, 1978.

Drucker, P.F., Gerencia de la empresa. Barcelona: Edhasa, 1979.

La dirección eficaz de la empresa. Bilbao: Deusto, 1977.

Gestión dinámica. Barcelona: Hispano Europea, 1981.

Nuevos esquemas aplicables a las organizaciones modernas. Bilbao: Deusto, 1978.

Reflexiones para un director. Madrid: A. P. D., 1977.

Durland, Jim, y Oates, Ddavid. El manager como entrenador. España, Folio, 1994.

Dyer, Willliam. Formación de equipos. México, SITESA, 1988.

Eodie, Obeng, Cambio total en la empresa. España, Folio, 1995.

Etzioni, A., La sociedad activa. Una teoría de los procesos sociales y políticos. Madrid: Aguilar, 1980.

Espejo, Raúl et al, Organizational transformation and learning. New York. 1997.

Faris, E.L., (dir.), La ciencia de la psicología. Barcelona: Hispano Europea, 1975.

Las instituciones sociales. Barcelona: Hispano Europea, 1975.

La vida social. Barcelona: Hispano Europea, 1975.

Friedman, G., La crisis del progreso. Barcelona: Laia, 1977.

Finks, jenks et al. Designing and managing organizations. New York, Irwin, 1983.

Galbraith, Jay, Planificación de organizaciones. México, FEISA, 1977.

Gellerman, S.W., Problemas humanos de la empresa. Madrid: Guadarrama, 1966.

Gerstein, Marc S. Encuentro con la tecnología. Estrategias y cambios en al era de la información. México. SITESA, 1988.

Gerth, H. y Mills, Wright, Carácter y estructura social. Universidad de Bs. As.,1961.

Guiot, J.M., Organizaciones sociales y comportamientos. Barcelona: Herder, 1984.

Gulick, L.,, Ensayos sobre la ciencia de la administración. Madrid: Presidencia del Gobierno, 1978.

Greiner, Larry E. y Schein, Virginia E., Poder y desarrollo organizacional México, SITESA, 1990.

Haire, M. & otros, Actitudes de los directivos. Madrid: Marova,1976.

Hail, Douglas, T. y Goodale, James, G., Human resources management. Ill, Scotit, F. Co. 1996.

Haiman R, y Scott, D., Management in Modern Organization. Boston, Hoghton Miffin Co., 1980.

Hall, Richard H., Organizaciones, estructuras y procesos. México, Prentice Hall, 1983.

Hamel, Gary. The Future of Management. Harvard Business Review Press; 1 edition (September 10, 2007)

Hanna, David P., Diseño de organizaciones para la excelencia en el desempeño. México, SITESA, 1990.

Herzberg, F., Una vez más. ¿Cómo motivar a los trabajadores? Bilbao: Deusto, 1977.

Hope, K., Métodos de análisis multivariantes. Madrid: C.E.C.,1972.

Hornell, Erick, La competitividad a través de la productividad. España, Folio, 1994.

Ivancevich, John M., Human resources management. New York, Irwin, 1997.

Kimakowitz, Ernst Von. Humanistic Management in Practice (Humanism in Business Series) Hardcover –Mcmillan February 15, 2011

Khandwalla, Pradip N., The design of organizations. USA, HBJ, 1987.

Keuning, Doede y Opheij, Wilfrid, Desburocratizar la empresa. España, Folio, 1994.

Kolb, D.A. & otros, Psicología de las organizaciones. Experiencias. Madrid: Dossat, 1982.

Konig, R., Tratado de sociología empírica, 2 vols. Madrid:

Kooter, Schellinger, et al. Organization. New York, Irwin, 1989.

Lapassadf, G., Grupos, organizaciones e instituciones. Barcelona: Gedisa, 1977.

Lawrence, Paul R. y Jay W. Lorsch. Desarrollo de organizaciones: diagnostico y acción. México, FEISA, 1973.
Lenestein, Harvey, Economic theory and organization analysis, Harper and Brothers, New York, 1960.

Lombriser, Roman, Grandes intraempresarios España, Folio, 1994.

Lorenz, Christopher y Leslie, Nicholas. La dirección de empresas. España, Folio, 1994.

Lundgren, Earl, F., Organizational management. San Francisco, Canfield press, 1974.

Maier, N.R.F., Psicología industrias Madrid: Rialp, 1971.

Malinowiski, Bronislaw, Prólogo a la obra de H. Ian Hegbin, Law and order in Polynesia, New York, harcourt Brace and Co., 1934

Mann, F. C. Indick, B.P.- Vroom, V.H., The productivity of work groups. Mich. The University of Michigan Institute for Social Research., 1973.

Marcus, Alfred A. .The Future of Technology Management and the Business Environment: Lessons on Innovation, Disruption, and Strategy Execution. Pearson FT Press; 1 edition ecember 24, 2015.

March, J.G. y Simon, H.A., Teoría de la organización. Barcelona: Ariel, 1981.

Marcuse, H., La agresividad en la sociedad industrial avanzada. Madrid: Alianza.1981.

McCormick, E.J., Ergonomía. Factores humanos e ingeniería Y diseño. Barcelona: G. Gili, 1980.

Mcgehee, W., Training. Adiestramiento y formación profesional. Madrid: Index, 1976.

McGregor, D., La participación en la industria. Barcelona: Hispano Europea, s.f.

McGregor, D., El problema de la valoración del rendimiento, Bilbao: Deusto, 1977.

Mead, G.H., Espíritu, persona y sociedad. Barcelona: Paidós Ibérica, 1982.

Merton, R.K., Sociología de la ciencia. 2 vols. Madrid: Alianza, 1977.

Nadler, David. La retroalimentación y el desarrollo organizacional. México, FEISA,1982.

Parsons, T., Estructura y Proceso de las sociedades modernas. Madrid: C.E.C., 1966.

Patrick j. Thurbin, La empresa capaz de aprender. España, Folio, 1994

Partin, Jennings, Perspectivas de desarrollo organizacional. México, FEISA, 1977

Peppeers, Don y Rogers, Martha, Enterprise one to one. New York, Currency Doubleday, 1997.

Perrow, C., Organizational analysis: A sociological view.Belmont. Ca. Wadsworth,1970.

Poorras, Jerry I. Análisis de flujos. Método para diagnosticar y administrar el cambio organizacional. México, SITESA, 1988.

Pugh, Derek, S., Organization theory. Middlesex, England, Penguin Books, 1997.

Reddin, W.J., Efectividad gerencial. México, Diana, 1982.

Rice, A-K., Reorganización de empresas. Barcelona: Hispano Europea, 1969-

Richards, Max, Y Greenlaw, Paul, S., Management, decisions and behavior. New York, Irwin, 1982.

Robey, Daniel, Designing organizations. New York, Irwin, 1996.

Sayles, Leonard, Cambio de al conducta organizacional. México, Trillas, 1980.

Schein, E.H. y Bennis, W.G., El cambio personal y organizacional a través de métodos grupales. Barcelona: Herder, 1980.

Schein, E. H., Psicología de la organización. Madrid: Dossat, 1981.

Dinámica de la carrera empresarial. México, FEISA, 1982.

Schwab, Klaus. The Fourth Industrial Revolution. Crown Business (January 3, 2017)

Selznnick, Philip, Leadership in administration, Ill. Row, Peterson and Co. 1957.

Shaw, M.E., Dinámica de grupo. Barcelona: Herder, 1980.

Sheridan, Thomas y Kendall, Nigel. El gobierno de la empresa. España, Folio, 1994.

Simon, H.A., El comportamiento administrativo. Madrid: Aguilar, 1971.

Simon, P. y Albert, L., Las relaciones interpersonales. Barcelona: Herder , 1 983.

Steiner, G. A., Planificación de la alta dirección, 2 vols. Universidad de Navarra, 1979.

Supedr, D.E., Psicología de la vida profesional. Madrid: Rialp, 1962.

Shull F.A., JR., A. L. Delbecq Y L. L. Cummings, Organízational Decition Making (New York: McGraw-Hill, 1970.

Tajfel, H., Grupos humanos y categorías sociales. Barcelona: Herder, 1984.

Vaitilingam, Romesh, Los indicadores económicos en la toma de decisiones España, Folio, 1995.

Walsh, Ciaron, Ratios clave para la dirección de empresas. España, Folio, 1994.

Warren, B. y Moberg, Dennis, Teoría de la organización y la administración. México, Limusa, 1983.

Wilson, Graham, La dirección del cambio en la empresa. España, Folio, 1993.

Wissema, J.G., Dirección de empresas descentralizadas España, folio, 1994.

Woodward, Joan, Industrial Organization:Theory and Practice, Londres, Oxford University press, 1985.

Sobre las aportaciones de finales del siglo XX e inicios del XXI

Amis, J., Hinings, C. R. & Slack, T. (2004). The pace, sequence, and linearity of radical change. Academy of Management Journal, 47 (1), 15-39.

Arthur, J. B. & Huntley, C. L. (2005). Ramping up the organizational learning curve: assessing the impact of deliberate learning on organizational performance under gain sharing. Academy of Management Journal, 48 (6), 1159-1170.

Balogun, J. & Johnson, G. (2004). Organizational restructuring and middle manager sense making. Academy of Management Journal, 47 (4), 523-549.

Beck, N., Brüderl, J. & Woywode, M. (2008). Momentum of deceleration? theoretical and methodological reflections on the analysis of organizational change. Academy of Management Journal, 51 (3), 413-435.

Casile, M. & Davis-Blake, A. (2002). When accreditation standards change: Factors affecting differential responsiveness of public and private organizations. Academy of Management Journal, 45 (1), 180-195.

Denis, J., Lamothe, L. & Langley, A. (2001). The dynamics of collective leadership and strategic change in pluralistic organizations. Academy of Management Journal, 44 (4), 809-837.

Dimaggio, P. J. (1991). Introduction. En W. W. Powell y P. J. Dimaggio (eds.), The new institutionalism in organizational analysis (pp. 1-38). Chicago, IL: University of Chicago Press.

Douglas, W. E., Dejordy, R. & Lok, J. (2010). Being the change: Resolving institutional contradiction through identity work. Academy of Management Journal, 53 (6), 1336-1364.

Dutton, J., Ashford, S., O'Neill, R. & Lawrence, K. (2001). Moves that matter: issue selling and organizational change. Academy of Management Journal, 44 (4), 716-736.

Dvir, T., Eden, D., Avolio, B. & Shamir, B. (2002). Impact of transformational leadership on follower development and performance: a field experiment. Academy of Management Journal, 45 (4), 735-744.

Eriksen, M. (2008). Leading adaptive organizational change: selfreflexivity and self-transformation. Journal of Organizational Change Management, 21 (5), 622-640.

Falbe, C. M. & Yukl, G. (1992). Consequences for managers of using single influence tactics and combinations of tactics. Academy of Management Journal, 35 (3), 638-652.

Galvin, B., Balkundi, P. & Waldman, D. (2010). Spreading the word: the role of surrogates in charismatic leadership processes. Academy of Management Review, 35 (3), 477-494.

García-Morales, V., Matías-Reche, F. & Hurtado-Torres, N. (2008). Influence of transformational leadership on organizational innovation and performance depending on the level of organizational learning in the pharmaceutical sector. Journal of Organizational Change Management, 21 (2), 188-212.

Grant, D., Michelson, G., Oswick, C. & Wailes, N. (2005). Guest editorial: discourse and organizational change. Journal of Organizational Change Management, 18 (1), 6-15.

Green, S. (2009). Suspended in self-spun webs of significance: a rhetorical model of institutionalization and institutionally embedded agency. Academy of Management Journal, 52 (1), 11-36.

Greenwood, R. & Hinings, C. R. (1993). Understanding strategic organizational change: the contribution of archetypes. Academy of Management Journal, 36, 1052-1081.

Greenwood, R. & Hinings C. R. (1996). Understanding radical organizational change: Bringing together the old and the new institutionalism. Academy of Management Journal, 21 (4), 1022-1054.

Greenwood, R., Suddaby, R. & Hinings, C. (2002). Theorizing change: the role of professional associations in the transformation of institutionalized fields. Academy of Management Journal, 45 (1), 58-80.

Greenwood, R. & Suddaby, R. (2006). Institutional entrepreneurship in mature fields: the big five accounting firms. Academy of Management Journal, 49 (1), 27-48.

Hardy, C. & Macguire, S. (2010). Discourse, field-configuring events, and change in organizations and institutional fields: narratives of ddt and the stockholm convention. Academy of Management Journal, 53 (6), 1365-1392.

Heracleous, L. & Barrett, M. (2001). Organizational change as discourse: Communicative actions and deep structures in the context of information technology implementation. Academy of Management Journal, 44 (4), 755-778.

Heugens, P. (2009). Structure! agency! (and other quarrels): a metaanalysis of institutional theories of organization. Academy of Management Journal, 52 (1), 61-85.

Higgs, M. J. & Rowland, D. (2005). All changes great and small. Journal of Change Management, 5 (2), 121-135.

Hitt, M. & Ireland, R. D. (1999). Achieving and maintaining strategic competitiveness in the 21st century: the role of strategic leadership. The Academy of Management Executive, 13, 43-57.

Karsten, L., Keulen, S., Kroeze, R. & Peters, R. (2009). Leadership style and entrepreneurial change: the centurion operation at Philips electronics. Journal of Organizational Change Management, 22 (1), 73-91.

Kim, D. H. (1993). The link between individual and organizational learning. Sloan Management Review, 35 (1), 37-50.

Kotter, J. P. (1995). Why transformation efforts fail. Harvard Business Review, 74 (2), 56-67.

Kotter, J. (2000). Leading change. Boston, MA: Harvard Business school Press.

Kraatz, M. & Moore, J. (2002). Executive migration and institutional change. Academy of Management Journal, 45 (1), 120-143.

Kraatz, M. & Zajac, E. (1996). Exploring the limits of the new institutionalism: the causes and consequences of illegitimate organizational change. American Sociological Review, 61 (5), 812-836.

Lane, P., Koka, B. & Pathak, S. (2006). The reification of absorptive capacity: a critical review and rejuvenation of the construct. Academy of Management Review, 31 (4), 833-863.

Leblebici, H., Salancik, G., Copay, A. & King, T. (1991). Institutional change and the transformation of interorganizational fields: an organizational history of the U.s. Radio broadcasting industry. Administrative Science Quarterly, 36, 333-363.

Lichtenthaler, U. (2009). Absorptive capacity, environmental turbulence, and the complementarity of organizational learning processes. Academy of Management Journal, 52 (4), 822-846.

Lok, J. & Willmott, H. (2006). Institutional theory, language, and discourse analysis: a comment on Phillips, lawrence, and Hardy. Academy of Management Review, 31 (2), 477-488.

Luscher, L. (2008). Organizational change and managerial sensemaking: Working through paradox. Academy of Management Journal, 51 (2), 221-240.

McGuire, D. & Hutchings, K. (2006). A machiavellian analysis of organizational change. Journal of Organizational Change Management, 19 (2), 192-209.

Mento, A. J., Jones, R. M. & Dirndorfer, W. (2002). A change management process: Grounded in both theory and practice. Journal of Change Management, 3 (1), 45-59.

Miller, D. & Friesen, P. (1980). Momentum and revolution in organizational adaptation. Academy of Management Journal, 23 (4), 591-614.

Nag, R., Corley, K. & Gioia, D. (2007). The intersection of organizational identity, knowledge, and practice: attempting strategic change via knowledge grafting. The Academy of Management Journal, 50 (4), 821-847.

Okhuysen, G. (2001). Structuring change: Familiarity and formal interventions in problem solving groups. Academy of Management Journal, 44 (4), 794-808.

Oldham, G. & Cummings, A. (1996). Employee creativity: Personal and contextual factors at work. Academy of Management Journal, 39, 607-634.

Paulsen, N., Maldonado, D., Callan, V. & Ayoko, O. (2009). Charismatic leadership, change and innovation in an R&D organization. Journal of Organizational Change Management, 22 (5), 511-523.

Pettigrew, A. M., Woodman, R. W. & Cameron, K. S. (2001). Studying organizational change and development: Challenges for future research. Academy of Management Journal, 44 (4), 697-713.

Phillips, N., Lawrence, T. & Hardy, C. (2004). Discourse and institutions. Academy of Management Review, 29 (4), 635-652.

Ramanujam, R. (2003). The effects of discontinuous change on latent errors in organizations: the moderating role of risk. Academy of Management Journal,46 (5), 608-617.

Reay, T., Golden-Biddle, K. & Germann, K. (2006). Legitimizing a new role: small wins and micro-processes of change. Academy of Management Journal, 49 (4), 977-998.

Robertson, P. J., Roberts, D. R. & Porras, J. I. (1993). Dynamics of planned organizational change: assessing empirical support for a theoretical model. Academy of Management Journal, 36 (3), 619-634.

Romanelli, E. & Tushman, M. (1994). Organizational transformation as punctuated equilibrium: an empirical test. Academy of Management Journal, 37 (5), 1141-1166.

Santos, F. & Pache, A. (2010). When worlds collide: the internal dynamics of organizational responses to conflicting institutional demands. Academy of Management Review, 35 (3), 455-476.

Shaw, P. (1997). Intervening in the shadow systems of organisations: Consulting from a complexity perspective. Journal of Organizational Change Management, 10 (3), 235-250.

Shin, S. & Zhou, J. (2003). Transformational leadership, conservation, and creativity: evidence from Korea. Academy of Management Journal, 46 (6), 703-714.

Starke, F., Sharma, G., Mauws, M., Dyck, B. & Dass, P. (2011). Exploring archetypal change: the importance of leadership and its substitutes. Journal of Organizational Change Management, 24 (1), 29-50.

Taylor-Bianco, A. & Schermerhorn, JR., J. (2008). Self-regulation, strategic leadership and paradox in organizational change. Journal of Organizational Change Management, 19 (4), 457-470.

Todorova, G. & Durisin, B. (2007) Note. Absorptive capacity: valuing a reconceptualization. Academy of Management Review, 32 (3), 774-786.

Tsoukas, H. (2005). Afterword: Why language matters in the analysis of organizational change. Journal of Organizational Change Management, 18, 96-104.

Vaara, E. & Tienari, J. (2008). A discursive perspective on legitimation strategies in multinational corporations. Academy of Management Review, 33 (4), 985-993.

Van de ven, A. & Poole, S. (1995). Explaining development and change in organizations. The Academy of Management Review, 20 (3), 510-540.

Van Woerkum, C., Aarts, M. & De Grip, K. (2007). Creativity, planning and organizational change. Journal of Organizational Change Management, 20(6)847-865.

Walker, J., Armenakis. A. & Bernerth, J. (2007). Factors influencing organizational change efforts: an integrative investigation of change content, context, process, and individual differences. Journal of Organizational Change Management, 20 (6), 761-773.

Young, M. (2009). A meta model of change. Journal of Organizational Change Management, 22 (5), 524-548.

Yu, B. & Ming, T. (2008). Effects of control mechanisms on positive organizational change. Journal of Organizational Change Management, 21 (3), 385-404.

Zahra, S. & George, G. (2002). Absorptive capacity: a review, reconceptualization, and extension. Academy of Management Review, 17 (2), 185-203.

SOBRE TEORIA Y MODELOS ESPECIFICOS DEL CAMBIO

Bernstein, D. (1979). Bureaucratic Opposition, Pergamon Press.

Blau, P. M. (1964), Change and Power in Social Life, New York, Wiley.
Brown, G. (1977), Sabotage, London: Spokesman Book.

Carnall, C. A. (1979a), 'The Evaluation of Work Organization Change, Supplement to Final Report on SSR, Grant IR 464711.

(1979b), «The Social Context of Work Organisation Change, Personnel Review,
vol. VIII, 4, 28-38.

(1980a), «The Evaluation and Work Organisation», International Journal of Production Research, vol. XVIII, 3, 367-378.

(1982), The Evaluation of Organizational Change. Aldershot Hampshire: Grower House.

Carnall, C. A., y Kolltweit, B. J. (1981), «The Evaluation of Organisation Change:
A Case study», Journal of General Management, vol. VI, 2, invierno 1980/81.

Cyer, R. M., Y March, J. G. (1963), A Behavioural Theory of the Firm, Englewood Cliffs: Prentice-Hall.

Dahrendorf, R. (1959), Class and Class Conflict in an Industrial Society, English Edition, Routledge and Kegan Paul.

Dubois, P. (1979), Sabotage in Industry, Penguin Books.

Fox, A. (1971), A Sociology of Work in Industry, London: Macmillan.

Goodman, P. (1979), Assessing Organizational Change, Wiley.

Gouldner, A. W. (1975), For Sociology, Penguin Books.

Homans, G. (1974), Social Behaviour. Its Elementary Forms, New York: Wiley.

Hyman, R., y Brough. (1975), Social Values and Industrial Relations. London: Heinemann.

ABOUT THE AUTHOR

Emeterio Guevara Ramos es un consultor y conferencista líder en el campo de Desarrollo Organizacional y liderazgo. Durante las últimas dos décadas ha estado involucrado intensamente en discusiones internacionales en temas que le dan forma a un nuevo entorno mundial de os negocios. Es autor de varios libros incluyendo el de "Globalización ¿un futuro imposible?" que logró colocarse en el lugar 14 de los libros en español más vendidos por Amazon. Su vida profesional incluye desarrollos académicos y de consultoría. Este es libro número 20

www.ingramcontent.com/pod-product-compliance
Lightning Source LLC
Chambersburg PA
CBHW021406170526
45164CB00002B/523